어린 임금의 눈물

사과문고 13
어린 임금의 눈물

1판 1쇄 발행 | 2004년 2월 27일
1판 44쇄 발행 | 2023년 6월 30일

지은이 | 이규희
그린이 | 이정규
펴낸이 | 정중모
펴낸곳 | 파랑새
등   록 | 1988년 1월 21일 (제406-2000-000202호)
주   소 | 경기도 파주시 회동길 152
전   화 | 031-955-0670
팩   스 | 031-955-0661
홈페이지 | www.bbchild.co.kr
전자우편 | bbchild@yolimwon.com

ⓒ 이규희, 이정규, 2004
ISBN 978-89-7057-716-6 73810
　　　978-89-6155-178-6 (세트)

- 책값은 뒤표지에 있습니다.
- 저자와의 협의에 의해 인지를 생략합니다.
- 저작자와 출판사의 허락 없이 이 책의 일부 또는 전체를 인용하거나 발췌하는 것을 금합니다.

어린이제품안전특별법에 의한 제품 표시
제조자명 파랑새 | 제조년월 2023년 6월 | 제조국 대한민국 | 사용연령 7세 이상

어린 임금의 눈물

이규희 글 | 이정규 그림

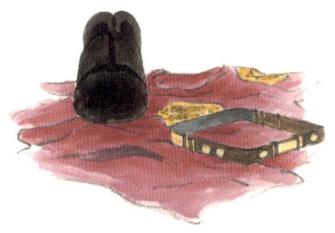

파랑새

| 작가의 말 |

'단종'을 만난 건
　　　　내 나이 열세 살 때였습니다.

　그해 봄, 이제 막 6학년이 된 나는 두 번째 전학을 갔습니다.

　고향인 천안을 떠나 강원도 탄광 마을 황지(태백)로 갔던 게 엊그제 같은데 다시 영월로 옮겨 간 것이었습니다. 그곳에서 나는 역사책 속에만 있는 줄 알았던 어린 '단종' 임금을 만났습니다.

　영월에는 단종의 슬픈 유적지들이 참 많았습니다. 그곳 아이들은 학교가 끝나면 종종 그 유적지에 가서 놀곤 하였습니다.

　소나무들이 절을 하듯 서 있는 '장릉' 정자각 뒷담에 쪼그려 앉아 시간 가는 줄 모르고 소꿉장난을 하고, '청령포'에서는 맑은 강물로 첨벙첨벙 뛰어들어 가 헤엄을 치거나 다슬기를 잡고, 단종이 열일곱 살 나이로 마지막 숨을 거둔 읍내 '관풍헌'에서는 해가 이슥해지도록 숨바꼭질을 하기도 했지요.

물론 그건 모두 40여 년 전, 호랑이 담배 피던 시절의 이야기입니다. 지금은 모든 단종 유적지들을 영월 군청에서 잘 관리 보존하고 있어서 어림도 없는 일이랍니다.

하지만 그 무렵, 철없이 단종 유적지에서 뛰어놀면서도 나는 '단종이 참 가엾구나' 하는 생각을 많이 했습니다.

어쩌면, 집과 재산을 몽땅 잃고 고향을 떠나온 아버지를 따라 황지로, 영월로 떠돌아다니는 나보다 더 불쌍하다는 생각이 들었습니다. 나는 아무리 그래도 식구들과 같이 살고 있었지만 수양대군에게 왕위를 빼앗기고 첩첩산중 영월 땅으로 유배를 온 단종은 혼자였으니까요.

그래서였을까요, 나는 영월에 사는 동안 어렵고 슬픈 일이 생길 때마다 '그래도 난 단종 임금보다는 낫잖아' 라며 입술을 깨물곤 했습니다.

어른이 되어 동화작가가 된 후 나는 문득문득 어린 시절 그렇게 나에게 위로가 되어 주었던 '단종' 이야기를 동화로 쓰고 싶었습니다. 하지만 아무리 역사책을 읽고 이런저런 자료를 찾아봐도 그 생각은 좀처럼 동화가 되지 못한 채 마음속에 머물러 있을 뿐이었습니다.

그러던 어느 날, 무심코 신문을 읽던 나는 깜짝 놀랐습니다.

바로 32회 단종제를 맞이하여 그로부터 541년 전, 권력 암투로 희생된 비극의 조선조 제6대 단종대왕을 기리기 위해, 사자자리 중에서도 가장 맑고 '어린 왕'의 뜻을 가진 '레굴루스(Regulus)'를 '단종별'로 명명한다는 것이었습니다. 레굴루스는 7, 8월의 별로 단종이 태어난 8월 18일(음력 7월 23일)과도 꼭 맞아떨어진다는 내용이었습니다. 또한 더 놀라운 것은 영월 봉래산 꼭대기에 '별마로 천문대'를 지어 수많은 사람들에게 '단종별'을 볼 수 있게 할 거라는 것이었지요.

그 기사를 본 후 비로소 나는 단종에 관한 동화를 쓸 수 있었습니다. 그야말로 어느 날 갑자기 '단종'이 동화가 되어 나를 찾아온 것이었습니다.

그렇게 해서 〈어린 임금의 눈물〉이라는 동화를 쓰는 동안 나는 해마다 한식날이면 '단종제'를 보러 영월로 가곤 했습니다. 그사이 봉래산 꼭대기에 우뚝 지어진 '별마로 천문대'에 올라가 '단종별'을 바라보기도 했고요.

그럴 때마다 나는 '장릉' 앞에 서서 간절히 빌곤 했습니다.

'단종 임금님, 부디 제가 이 동화를 잘 쓸 수 있도록 해 주세요'라고.

그리고 머리말을 쓰는 지금도 이 동화가 단종 임금의 마음에 들기를 간절히 바라는 마음입니다.

이규희

차례

10 | 달콤한 바람은 불어오고

24 | 아바마마, 아바마마

37 | 열두 살의 어린 임금

52 | 하늘이 무너지고 땅이 꺼지고

69 | 슬픈 혼례식

83 | 신발이 냇물에 둥둥 떠내려가는

103 | 곤룡포를 벗으며

116 | 대관절 내가 무엇이기에

132 | 흰옷 입은 백성들의 울음소리

152 | 푸른 강물은 소리 없이 흘러가고

173 | 하늘은 귀머거리인가

186 | 너울너울 비단길 건너

204 | 그 뒷이야기

달콤한 바람은 불어오고

 어느 틈에 궁궐 깊숙이 들어앉은 자선당 뜰에도 새봄이 찾아왔다. 아버지(문종)께 아침 문안을 드리고 나올 때 뺨에 스치는 바람에서 달콤한 꽃향내가 풍겨 왔다. 봄은 사람의 마음을 싱숭생숭하게 만드는 것일까, 아침부터 괜스레 마음이 들떴다. 의관을 갖춰 입고 강서원에 나와 글공부를 하면서도 내내 딴생각이 났다.
 "사부, 오늘 공부는 그만 하면 안 될까요?"
 나는 사부의 눈치를 살피며 은근히 물었다. 책상 앞에 앉아 소학이며 효경, 논어, 맹자 같은 걸 읽고 쓰고 외우는 일에서 하루라도 놓여나 교동 경혜 누이한테라도 다녀오고만 싶었다.

"세자 마마, 큰 임금이 되시려면 글공부를 게을리해선 아니 되옵니다. 승하하신 세종대왕께선 어린 시절부터 밤낮으로 책을 가까이하시어 성군이 되지 않으셨습니까?"

사부는 은근히 내 뜻을 꺾었다. 하긴 나도 할아버지의 이야기를 듣자 슬그머니 얼굴이 붉어졌다.

나를 끔찍이도 아껴 주시던 할아버지였다. 겨우 여덟 살이었던 나를 왕세손으로 책봉하시고, 강서원을 설치하고는 예문관 제학 윤상을 사부로 삼게 한 후에, 손수 서가와 경상(경서를 올려놓는 책상), 연상(문방 도구를 놓아 두는 작은 책상)이며 벼루, 연적 등 문방 도구를 꼼꼼히 갖추어 주신 할아버지가 아니었던가. 할아버지는 승하하기 전 종종 나를 데리고 집현전 학사들을 찾아가 경전을 외우게 하셨다.

"허허, 우리 세손이 참으로 영특하잖은가? 벌써부터 이 나라 성군이 될 자질이 보이지 않나 말이다."

할아버지는 나를 무릎에 앉히곤 대견스러워 어쩔 줄 모르셨다.

"아가, 홍위야, 잘 봐 두어라. 이 나라 충신들이니라!"

할아버지는 집현전에 모여 있는 정인지, 성삼문, 신숙

주, 박팽년, 유성원, 이개 같은 신하들을 둘러보며 일러 주셨다. 그러다가 그들의 얼굴을 하나하나 바라보며 간곡하게 당부하셨다.

"여보게 경들, 어미 없이 자란 불쌍한 세손이니 부디 훗날에도 경들이 이 아이를 잘 돌보아 주기 바라오."

"전하, 성은이 망극하옵나이다!"

신하들은 감격하여 어쩔 줄 몰랐다.

문득 오늘따라 그토록 나를 사랑해 주시던 할아버지가 그리웠다. 대궐에는 수많은 대군과 공주, 옹주들이 있었건만 어린 세손인 나를 바라볼 때면 언제나 눈가가 축축이 젖어 들던 할아버지였다. 그건 아마도 태어난 지 하루만에 어미를 잃은 나에 대한 애틋함 때문이었으리라.

"갓난 세손을 잘 돌봐 주오."

할아버지는 핏덩이인 나를 할아버지가 가장 사랑하는 후궁, 혜빈 양씨에게 맡기셨다. 그러자 혜빈은 자신의 둘째 아들인 영풍군에게 줄 젖을 나에게 물려 주며 애지중지 키웠으니, 그 모든 게 다 할아버지의 배려가 아니었던가.

하지만 이제 궁궐 어디에도 할아버지의 모습은 보이지 않았다. 언제든지 달려가 응석을 부릴 할아버지, 내 글공부를 칭찬해 주고, 나와 함께 경회루와 후원을 산책하던 할아버지는 그 어디에도 안 계셨다.

나는 하루 종일 할아버지 생각을 하며 아침, 낮, 저녁 공부까지 하루 세 번의 공부를 마쳤다.

붉은 해가 뉘엿뉘엿 궁궐 서쪽으로 지고 있었다. 아버지께 저녁 문안 인사까지 마치고 나자 이상스레 마음이 더욱 쓸쓸해졌다. 천지는 온통 연둣빛이고 달콤한 봄바람은 살랑살랑 불어오건만 알 수 없는 불안감이 스멀스멀 나를 휘감았다.

'왜 이렇게 가슴이 답답한 것일까?'

나는 애써 고개를 저었다. 하지만 저녁 문안을 드릴 때 뵌 아버지 얼굴이 자꾸만 눈앞에 아른거렸다. 할아버지 뒤를 이어 왕위에 오른 지 이제 막 3년째로 접어든 아버지였다. 하지만 아버지는 워낙 몸이 약해 요즘 들어 병석에 누워 계시는 날이 잦았다.

아버지의 병환은 나의 마음을 한없이 짓눌렀다. 어머니를 먼저 떠나보낸 뒤 십 년이 넘도록 중전 자리를 비워둔 채 홀로 살아오신 가엾은 아버지가 아닌가.

나는 할아버지를 잃은 지 3년도 채 안 되어 아버지마저 무슨 변고를 당하면 어쩌나 잔뜩 겁이 날 뿐이었다.

'그래, 경혜 누이한테 가자!'

불현듯 경혜 누이가 보고 싶었다. 나보다 다섯 살 위인 세상에서 단 하나뿐인 핏줄인 경혜공주는 얼마 전까지만 해도 같은 궁궐에서 오누이의 정을 도탑게 주고받으며 살았다. 하지만 이젠 참판 정충경의 아들 영양위 정종과 혼인을 하여 교동에 나가 살고 있었다.

나는 때때로 경혜 누이가 보고 싶었다. 특히 오늘처럼 마음이 불안할 때는 더욱 그랬다.

"여봐라, 나를 영양위 궁으로 데려다 다오."

나는 시중드는 내시 김연에게 일렀다. 김연은 할아버지를 모시던 충직한 신하였는데 할아버지가 돌아가시자 동궁전에 들어와 내 시중을 들고 있었다.

"세자 마마, 그건 아니 되옵니다."

김연은 고개를 절레절레 내저었다. 얼마 전 나의 궐 밖 행차가 너무 잦다고 강서원 사부들에게 한차례 혼꾸멍난 탓이다. 궐 밖에만 나갔다 오면 내가 한동안 마음이 심란하여 공부에 지장이 있다는 것이다.

"하지만 경혜 누이가 보고 싶어. 그럼 교동에 가서 경혜 누이를 데려다 줄 테야?"

나는 짐짓 떼를 썼다. 시집간 경혜 누이를 자꾸 궐 안으로 불러들이는 것도 신하들 보기에 모양새가 그리 좋지 않다는 걸 잘 아는 탓이다.

"세자 마마, 그럼 오늘 딱 한 번뿐이옵니다. 아시겠지요?"

"그래, 그래!"

나는 단박에 입이 벌쭉 벌어졌다. 이제 교동에 가면 세자라는 것도 다 잊고 경혜 누이와 자형 앞에서 마음껏 응석을 부리며 편안히 놀 수 있기 때문이다.

날이 어둑어둑해질 무렵, 나를 태운 가마는 살그머니 동궁인 자선당을 나와 동쪽 건춘문으로 향했다. 건춘문을 지키는 수문장도 아무 말 없이 나의 일행이 궁궐을 나서도록 도와주었다. 아마 문지기들도 어린 세자가 하나뿐인 피붙이를 찾아가는 걸 모른 척 눈감아 주는 듯 보였다.

동십자각을 돌아서자 으리으리한 기와집들이 주욱 늘어선 북촌 마을이 보였다. 나는 가끔 교동으로 행차를 할 때마다 살그머니 가마 문을 열고 바깥 구경을 하는 게 좋았다. 행인들의 떠들썩한 고함이며 왁자지껄한 웃음소리, 때로는 담장 안에서 들려오는 아이들 목소리를 들을 때면 괜히 가슴이 설레었다. 태어나서 단 한 번도 궁궐 밖에서 살아 보지 못한 탓에, 일반 백성들의 자유로운 생활이 마냥 부럽기만 하였다.

이런저런 생각을 하는 사이에 가마는 벌써 교동 영양위궁의 날아갈 듯한 솟을대문 앞에 멈췄다. 이미 내가 온다는 기별이 닿았던가, 어느새 경혜 누이가 비단 치맛자락을 사각이며 대문 앞까지 마중을 나왔다.

"세자 마마, 어서 오세요!"

경혜 누이는 갓 피어난 모란꽃처럼 활짝 웃었다. 누이의 환한 웃음은 알 수 없는 불안감에 짓눌려 있던 내 마음을 말끔히 씻어 주었다.

"세자 마마, 저녁 마실을 나오셨습니까?"

자형인 영양위도 반갑게 나를 맞아 주었다.

"경혜 누이, 자형. 참으로 보고 싶었습니다."

나는 짐짓 어리광을 부리듯 대청마루를 쿵쿵거리며 올라갔다.

하지만 뜻밖에도 집 안에는 손님이 와 있었다. 내 또래로 보이는 사내아이와 그보다 서너 살 어려 뵈는 계집아이였다. 노랑 저고리에 빨강 치마를 입은 계집아이 모습이 여간 귀엽지가 않았다.

"세자 마마, 남산골에 사는 제 먼 친척 아이들인 구름이와 시내이옵니다. 구름이는 이제 열두 살로 세자 마마와 동갑이옵고, 시내는 그보다 세 살 아래로 이제 아홉 살이지요. 제 아비는 비록 높은 벼슬에 오르지는 못했으나 학문이 깊은 사람입니다. 구름이도 제 아비를 닮아 아주 영특하옵지요. 훗날 과거에 급제하여 황희 정승 같은 훌륭한 재상이 되고 싶다고 하옵니다. 그래 가끔 가까이 불러 애틋하게 대하고 있습니다. 얘들아, 어서 세자 마마께 인사를 올려야지."

느닷없이 찾아온 날 보고 놀라 서 있던 남매는 그제서야 옷매무새를 고치며 절을 하였다. 하지만 시내라는 계집아이는 너무 놀란 나머지 절을 하고 일어나다 옷고름을 밟고 고꾸라질 뻔하였다.

"하하하!"

그 모습을 본 나는 재미있다는 듯 크게 웃었다. 시내의 뺨은 금세 잘 익은 복숭아처럼 붉어졌다.

"그럼 얘들아, 어서 물러들 가거라."

영양위는 행여 내게 실례가 될까 하여 구름이와 시내를 내몰았다.

"자형, 그 아이들을 그냥 여기 있게 하세요. 이렇게 동갑내기 동무를 만나니 오히려 반가운 걸요. 오늘 밤 같이 머물며 재미있게 지내고 싶어요."

나는 뜻하지 않게 궐 밖에서 또래 아이들을 만난 게 마냥 기뻤다. 궁궐에도 어머니를 잃은 내게 젖을 빼앗기고 유모 품에서 자란 영풍군과 그 위로 한남군이 있긴 하지만 그들은 내게 어엿한 삼촌뻘이었다. 혜빈 양씨가 할아버지의 후궁이었으니 말이다. 그러니 그들을 친구처럼 대할 수는 없었다.

나는 구름이와 시내 남매가 가 버릴까 봐 오히려 걱정이었다.

"하하하. 세자 마마, 동무가 그리웠던 게군요."

영양위와 경혜 누이는 마주 보며 활짝 웃었다.

그날 밤 나는 모처럼 세자라는 자리를 다 잊어버렸다.

경혜 누이는 어린 동생을 위해 정성껏 저녁상을 차려 오고 떡이며 다식, 과일을 내왔지만 나는 먹는 것보다 노는 게 더 좋았다.

양 볼에 솜털이 보스스한 시내는 처음엔 머뭇머뭇 말도 잘 못하더니 차츰차츰 나를 제 오라버니 대하듯 편하게 여기는 눈치였다.

"세자 마마, 요즈음 저는 실뜨기 놀이를 한답니다. 저랑

해 보실래요?"

시내는 볼우물을 지으며 생긋 웃었다. 그러곤 허리춤에 매고 온 빨강 복주머니에서 한 발가량 되는 실을 꺼내어 양 끝을 동여매더니 그 실을 평평하게 당겨 한 번씩 손바닥에 감았다. 그런 뒤에 오른손 가운뎃손가락으로 왼손에 감긴 실을 당기고, 왼손 가운뎃손가락으로는 오른손에 감긴 실을 당기어 두 실이 가위표 모양이 되게 하였다.

"세자 마마, 이렇게 하면 젓가락 모양이고요, 요렇게 하면 절구통 모양이에요."

시내는 앙증맞은 손을 요리조리 움직였다.

"야아, 고것 참 신기하구나!"

고작 한 발가량의 실로 이렇듯 여러 가지 모양을 만들 수 있다는 게 나는 마냥 즐거웠다.

"세자 마마도 해 보세요!"

시내는 내게도 실뜨기를 가르쳐 주었다.

밤이 깊어도 우리의 놀이는 끝나지 않았다. 마당에서 함께 투호 놀이(화살을 던져 병 속에 많이 넣는 쪽이 승리하는 놀이)를 하며 마치 여염집 아이들처럼 흥겹게 놀았다.

나는 구름이와 시내가 참 마음에 들었다. 가끔 궁궐에

들어와 문안 인사를 하는 대갓집 자제들한테서 풍겨 오던 꾸민 듯한 태도가 아닌 수더분한 모습이 보기에 좋았다.

"저하, 저하……."

아까부터 내시 김연이 문 앞에 서서 이제 궁궐로 돌아갈 시간이라며 자꾸 재촉하였다. 어느 틈에 자정이 가까웠던 것이다. 살그머니 동궁인 자선당으로 돌아가려면 서둘러야만 하였다.

"구름아, 시내야! 너희들을 만나서 참 반가웠다. 내 다음에 경혜 누이 집을 찾아올 터이니 그때 또 놀러 와 주지 않으련?"

"세자 마마, 하찮은 저희들을 이토록 어여삐 여겨 주시니 몸 둘 바를 모르겠나이다."

구름이는 머리를 숙이곤 어쩔 줄 몰라하였다.

"구름이, 우린 이제 세자와 신하의 관계가 아니라 친구가 되었다네. 나에게도 이 세상에 좋은 친구 한 사람쯤은 있어야 하잖은가. 또 누가 알겠는가? 할아버지와 황희 정승처럼 먼 훗날 자네와 내가 그런 사이가 되어 함께 나랏일을 보게 될는지. 게다가 난 오늘 시내처럼 어여쁜 누이동생까지 덤으로 얻었으니 한없이 기쁘다네.

그럼, 다음에 또 만나세!"

"세자 마마, 황공하옵나이다."

구름이와 시내는 머리 숙여 깊이 절을 하였다.

모처럼 즐거운 시간을 보낸 나는 서둘러 궁궐로 돌아왔다.

그날 이후 문득문득 구름이와 시내의 모습이 떠오를 때마다 나는 그들이 부러웠다.

'나도 평범한 백성의 자식으로 태어났더라면…….'

마음대로 도성 밖에 나가 저잣거리 구경도 하고, 시냇가에서 고기잡이도 하고, 산과 들로 뛰어다니며 또래 아이들과 칼싸움도 하고…….

하지만 그건 이미 나의 운명이 아니었기에 그들이 더욱 부럽게 느껴질 뿐이었다.

아바마마, 아바마마

 궁궐 뜰 안에 능소화며 작약꽃이 탐스럽게 피어났다. 하지만 아버지가 계신 천추전은 며칠 전부터 한겨울처럼 음산하였다. 아버지의 병은 이제 깊을 대로 깊어져 정신마저 오락가락했다.

 나는 동궁인 자선당을 나와 벌써 며칠째 아버지의 병상을 지키고 있었다.

 "세자야, 홍위야, 홍위야……."

 아버지는 가끔씩 정신이 들 때마다 나를 찾았다.

 "아바마마, 소자 곁에 있사옵나이다."

 나는 앙상하게 여윈 아버지를 바라보는 것만으로도 목

이 메어 왔다.

　여덟 살의 어린 나이에 세자로 책봉되었다가, 할아버지 뒤를 이어 서른일곱의 나이에 조선의 5대 임금 자리에 오른 아버지. 하지만 아버지는 용상에 앉은 지 채 3년도 안 되어 무엇이 그리 급하여 이처럼 빨리 세상을 뜨려 하신단 말인가.

　'아바마마, 아니 되옵니다. 어서 기운을 차리시옵소서, 어서…….'

　나는 간절히 빌었다. 할 수만 있다면 내 목숨을 다 바쳐서라도 아버지를 살려 내고 싶었다. 어질고 인자하며 그 누구보다도 효심이 깊었던 아버지, 오랜 세월 동안 세자 자리에 있으면서 집현전 학사들과 친구처럼 지내며 학문에 열중하던 아버지였다. 어머니 현덕왕후 권씨를 잃은 후 십 년이 넘도록 혼자 쓸쓸히 살아오신 가엾은 아버지가 아닌가.

　"아바마마, 부디 정신을 차리시옵소서."

　뜨거운 눈물이 하염없이 내 뺨을 타고 흘러내렸다. 문득 아버지가 마지막으로 열었던 회례연(임금과 신하가 한자리에 모이는 연회)이 떠올랐다.

그날, 아버지는 병이 깊은 중에도 익선관(왕과 세자가 집무할 때 쓰는 관)에 곤룡포(임금이 입는 정복)를 갖추어 입으셨다.

나도 아청색 옷에다 옥으로 만든 띠를 두른 세자복 차림으로 그 옆에 서 있었다.

그 자리에는 수양 숙부, 안평 숙부, 금성 숙부를 비롯한 종친과 할아버지 때부터 충신인 김종서, 황보인과 집현전 학사인 정인지, 성삼문, 신숙주, 박팽년, 최항, 하위지, 유성원, 이개 등 많은 문무백관들이 모여 있었다.

"여봐라, 오늘은 짐이 경들과 함께 흥겨운 잔치를 즐기고 싶구나!"

아버지는 한껏 흥겨운 목소리로 말씀하셨다.

곧이어 궁중 악사들이 흥겹게 연주를 시작하고, 궁녀들은 한삼 자락을 휘날리며 사뿐사뿐 춤을 추었다. 내시들은 행여라도 등불이 꺼질세라 등촉을 세우고 다니고, 소주방 나인들은 연신 술과 음식을 가져다가 내놓았다.

"자, 한잔 들게나, 어서! 오늘은 우리 마음껏 취해 보세나."

아버지는 손수 술을 따라 신하들에게 건넸다.

"전하, 성은이 망극하옵나이다!"

신하들은 황송하여 몸 둘 바를 몰랐다. 그 누가 보아도 참으로 흥겨운 잔치였다. 하지만 내 눈에는 아버지의 그런 모습이 마냥 애처롭게만 보였다. 아버지가 깊은 병환 중에 있으면서도 왜 이런 회례연을 여는지 잘 아는 탓이었다.

'모두 나 때문이다. 어린 세자인 나를 위함이야.'

나는 불에 덴 듯 눈시울이 뜨거워졌다.

아니나 다를까, 밤이 깊어지고 잔치의 흥이 무르익어 갈 무렵이었다.

"세자, 내 곁으로 가까이 오너라!"

아버지는 나를 옥좌 곁으로 가까이 부르셨다.

나는 떨리는 마음으로 앞으로 나아갔다. 떠들썩하게 잔치를 즐기던 신하들도 한순간 물을 끼얹은 듯 조용해졌다. 아버지는 그 어느 때보다 애틋하고 간절한 목소리로 신하들을 바라보며 말씀하셨다.

"여기 있는 모든 종친과 문무백관들에게 부탁하노니, 부디 이 어린 세자를 잘 돌봐 주오!"

'아아, 아바마마!'

아버지는 어린 나를 두고 차마 눈을 감을 수가 없었던

것이었다. 어리디어린 나를 구중궁궐에 홀로 남겨 두고 가기가 두려웠던 게다. 그래서 종친과 여러 신하들을 불러 모아 회례연을 베풀며 나를 부탁하신 것이었다.

"전하, 망극하옵나이다!"

흥겹게 술잔을 들던 신하들은 모두 목이 메어 엎드렸다. 어린 아들에게 왕위를 넘겨주고 다시는 돌아오지 못할 먼 길을 떠나가야 하는 아비의 안타까운 심정을 잘 아는 까닭이리라.

"세자, 잘 보아 두어라. 여기 모여 있는 수양대군, 양평대군, 금성대군을 비롯한 모든 대군들은 종친으로서, 또 신하들은 모두 세종대왕 때부터의 충신들로서 앞으로 세자를 잘 보살펴 줄 터이니 아무 염려하지 말거라."

아버지는 눈물이 그렁그렁한 눈으로 나를 바라보셨다.

"아바마마, 어찌 그런 말씀을 하시옵니까? 부디 만수무강하시옵소서!"

뜨거운 눈물이 저절로 내 뺨을 타고 흘러내렸다. 나는 그저 아버지가 할아버지처럼 오래오래 이 나라를 다스려 주기만을 천지신명께 빌고 또 빌 뿐이었다. 하지만 내 바람과는 반대로 회례연을 마친 뒤부터 아버지는 하루하루

가 다르게 쇠약해지셨다.

그러던 어느 날이었다.

"세, 세자야. 호, 홍위야아……."

정신이 가물가물하던 아버지께서 가쁜 숨을 몰아쉬며 나를 찾으셨다. 머리맡에 앉아 있던 나는 황급히 아버지 손을 잡았다.

"세, 세자야. 부, 부디 성군이 되거라. 나라를 세우신 태조 임금을 비롯하여 정종, 태종, 세종 임금의 위업을 이어받아 부디…… 종묘에 부끄럽지 않은 성군이…… 되거라. 여기 있는…… 경들에게 세, 세자를 부탁하오."

아버지는 영의정 황보인, 우의정 김종서, 좌찬성 정분, 우찬성 이양 등 의정부 대신들에게 나를 부탁하셨다. 그러곤 다음 날인 5월 14일, 마치 이제 모든 게 다 끝났다는 듯 조용히 숨을 거두셨다.

"아바마마, 아바마마……."

나는 통곡하였다. 한없이 인자하고 든든하던 할아버지가 세상을 떠난 지 채 3년도 안 되어 아버지마저 이처럼 허망하게 숨을 거두시다니 믿을 수가 없었다. 눈앞이 깜깜하고 정신이 아득해졌다. 온몸이 땅속으로 곤두박질하는 것처럼 어지러웠다.

　나는 아직 임금이 되기엔 어린 나이였다. 이제 겨우 열두 살, 높고 높은 용상에 앉기보다는 아직은 어리광을 부리고 싶은, 앞으로 배워야 할 게 너무 많은 나이였다. 그런 내가 아버지 뒤를 이어 임금의 자리에 올라야 하다니. 할아버지도, 아버지도 안 계신 궁궐은 너무 넓고 두려웠다.

　"아바마마, 아바마마! 아니 되옵니다. 소자는 어찌 하라고 이렇게 홀연히 떠나시옵니까, 흑흑……."

　나는 엎드려 통곡하였다.

　"세자 마마!"

　경혜 누이도 나를 붙잡고 슬피 울었다. 이제 나와 경혜 누이는 아버지 어머니를 다 잃고 세상에 단 둘뿐이었다.

　"세자 마마, 부디 고정하시옵소서."

　나를 친아들처럼 길러 준 혜빈이 다가와 위로를 해 주었다. 혜빈은 내가 좀 더 의연해지기를 바랐다. 그렇잖아도 어린 나이에 임금이 될 나를 염려하는 신하들 앞에서 좀 더 당당히 위엄을 보이라는 뜻이었다. 하지만 나는 위엄이고 권위고 다 내던지고 어린아이처럼 꺼이꺼이 목 놓아 울 뿐이었다.

"아바마마, 아바마마!"

한참을 목 놓아 울던 나는 갑자기 뒷덜미가 선뜩해지는 느낌이 들었다.

'아니……!'

수양 숙부였다. 수양 숙부는 무엇 때문인지 잔뜩 못마땅한 얼굴로 내 등을 노려보고 있었다. 송충이처럼 짙은 눈썹이 꿈틀거렸다. 꽉 다문 입술 끝이 파르르 떨렸다. 아버지의 시신을 모신 빈전을 바라보는 눈빛도 임금을 잃은 종친의 슬픈 눈빛이 아니었다. 뭔가 잔뜩 노엽고 분한 듯한 기색이 역력했다.

'도대체 수양 숙부가 왜 저러시는 걸까?'

알 수 없는 불안감이 등허리를 쓰윽 휩쓸고 지나갔다. 참 이상한 일이었다. 구레나룻이 유난히 짙은 얼굴 때문이었을까, 나는 어려서부터 여러 숙부님들 가운데 유난히 수양 숙부가 어렵고 무서웠다. 사람들은 말했다. 수양 숙부가 열여섯 살 때 왕방산으로 사냥을 나가 하루에 노루와 사슴을 스무 마리나 쏘아 잡았으며, 무예가 뛰어나 그를 당해 낼 사람이 아무도 없다고 말이다. 수양 숙부는 그만큼 힘이 장사고, 의협심이 강한 분이었다. 그런 수양 숙부가 잔뜩 굳은 얼굴로 서 있으니 도대체 무슨 까닭인가.

그때였다. 한 가지 생각이 퍼뜩 내 머리를 스쳤다.

'아, 그거였구나, 그거였어!'

그건 바로 아버지가 남긴 마지막 고명 때문이었다. 수양 숙부는 아버지가 돌아가시면서 여러 종친들과 의정부 대신들이 보는 앞에서 '수양, 부디 세자를 부탁하오!' 라는 마지막 말을 듣고 싶었던 것이다. 임금이 죽기 전에 마지막 남기는 고명, 그 마지막 유언이 너무나도 중요하다는 걸 알기 때문이었다.

그래서 수양 숙부는 부랴부랴 달려왔건만 이미 한발 늦었다. 숨이 오락가락하던 아버지는 이미 김종서, 황보인 같은 대신들에게 고명을 마친 뒤였다. 그건 이제 앞으로 고명대신들이 어린 나를 도와 나라를 다스리게 되었다는 뜻이었다. 아버지의 고명을 받은 후 장차 조카인 나를 앞세워 수렴청정을 하려고 단단히 벼르고 있던 수양 숙부로서는 그야말로 청천벽력과 같은 일이었다.

수양 숙부는 의식을 잃었던 아버지가 잠깐잠깐 정신을 차릴 때마다, '수양, 세자를 부탁하오!' 라는 말이 나오길 애타게 기다렸건만 아버지는 끝내 그대로 승하하셨다. 수

양 숙부의 꿈은 물거품이 되고 만 것이었다.

'그래, 수양 숙부는 그 말을 듣고 싶었던 거야!'

나는 수양 숙부의 마음을 알 듯하였다. 누구보다 대장부다운 기질이 강한 수양 숙부는 대신들 앞에서 으스대며 나를 보필하고 싶었던 것이다. 그래서 여러 문무백관과 대소 신료들에게 종친의 강한 힘을 보여 주고 싶었을 것이다.

원래 어린 세자가 왕위에 오르면 대왕대비나 대비가 수렴청정을 하였다. 하지만 내게는 수렴청정을 해 줄 분이 한 분도 안 계셨다. 할아버지의 왕비인 소헌왕후도, 아버지의 왕비인 현덕왕후도 이미 다 돌아가시고, 궁중에는 혜빈이 있었지만 후궁인 탓에 세력이 약하였다. 그러니 아버지의 고명을 받은 사람이 수렴청정을 할 수밖에 없는 입장이었다. 수양 숙부는 누구보다 나서서 그 일을 하고 싶었던 것이다. 그런데 황보인, 김종서, 정분 등 대신들에게 그 자리를 뺏겼으니 저토록 울분에 차 있는 것이리라.

'앞으로 수양 숙부가 가만있지 않을 텐데…….'

나도 모르게 등에서 식은땀이 주르르 흘렀다.

열두 살의 어린 임금

새벽하늘이 희뿌옇게 밝아 왔다. 지난밤을 뜬눈으로 새운 나는 자선당 문 창호지 사이로 점점 밝아 오는 아침을 바라보았다.

'아, 이제 새로운 날이 시작되는구나.'

문득 할아버지의 얼굴이 떠올랐다. 할아버지가 살아 계셨다면 이런 날 내게 뭐라고 하셨을까.

'아가, 홍위야, 두려워 말아라. 내가 늘 너에게 일렀듯이 임금은 밝은 눈과 자애로운 마음만 가지면 되느니라. 그저 백성을 사랑하고, 신하를 어여뻐 여기는 마음만 있으면 성군이 되느니라.'

할아버지 무릎에 앉아 듣던 말들이 새삼스레 귓가에 들려왔다.

'할아버지, 그래도 겁이 나요. 할아버지처럼 성군이 되고 싶지만 어쩐지 자꾸 두려워요.'

나는 될 수만 있으면 어디론가 도망가고 싶었다. 하지만 이제 조금 후면 나는 돌아가신 아버지 뒤를 이어 조선의 6대 임금이 될 것이다. 아직 아버지가 돌아가신 지 채 일주일도 안 된 국상 중이건만 임금의 자리를 오래 비워 둘 수 없어 즉위를 해야 한다고 한다. 그런데 왜 이렇게 가슴이 답답한 것일까?

나는 붉은 가마를 타고 천천히 근정전으로 향했다.

근정전 넓은 뜰에는 이미 동쪽에 문관, 서쪽에 무관들이 품계석(궁궐 마당에 세워 둔 벼슬자리의 등급을 표시한 돌) 앞에 주욱 늘어서 있었다. 그 둘레에는 창검과 깃발을 든 호위 군사들이 몇 겹으로 둘러서 있었다.

나는 눈을 들어 멀리 하늘을 바라보았다. 반짝이는 햇살 속에서 근정전의 아름다운 자태가 한눈에 들어왔다. 누각의 처마 곡선은 금방이라도 하늘을 향해 날아오를 것만 같았다.

궁중 악사들이 연주하는 대금, 단소, 아쟁, 해금, 거문고, 가야금, 편경, 편종 가락을 들으며 나는 천천히 근정전 월대를 향하여 올라갔다. 그 월대를 올라 이제 한없이 높고 높은 용상으로 가는 것이다. 한 발짝 한 발짝 걸음을 움직일 때마다 가슴이 두근거리고 다리가 후들후들 떨려 왔다. 이미 여덟 살 때 왕세손, 열 살 때 왕세자가 되어 죽책문(대나무로 만든 책에 세자로 임명된 사실을 기록한 문서)과 세자인(세자를 상징하는 도장)을 받는 책봉식을 올린 적이 있건만 지금처럼 떨리지는 않았다. 하지만 나는 애써 의연한 모습을 보이려 했다. 할아버지, 아버지의 말씀대로 이제 이 나라의 훌륭한 임금이 되어야만 했다.

마침내 근정전 안으로 들어섰다. 양녕 할아버지를 비롯하여 수양 숙부, 안평 숙부, 금성 숙부 등 일곱 분의 숙부들이 자리에 서 있었다. 경혜 누이와 영양위, 나를 키워 준 혜빈과 혜빈의 아들인 한남군, 영풍군, 이복 누이인 경숙 옹주의 모습도 보였다.

이윽고 나는 황금빛 왕관을 썼다. 처음 써 보는 황금빛 왕관이 내게는 너무 무거웠다. 산, 용, 꽃, 꿩, 원숭이, 수초, 쌀, 도끼, 불의 아홉 가지 무늬가 수놓아진 황금빛 구장

복(임금이 큰 예식 때 입는 옷)도 자꾸만 내 몸을 누르는 듯 불편하였다. 이제 임금이 되어 이 나라를 다스려야 한다는 두려움이 나를 짓누른 탓이리라.

마침내 나는 임금의 상징인 옥새를 받았다.

그러곤 임금만이 앉을 수 있는 높고 화려한 용상에 올랐다. 내 뒤로 일월오악도 병풍이 펼쳐져 있었다. 해와 달은 임금과 왕비를, 다섯 개의 봉우리는 왕이 다스리는 넓은 국토를 뜻한다는 병풍이었다.

"천세!"

"천천세!"

종친과 문무백관들이 소리 높여 외쳤다. 조선왕조의 운명이 천년만년 영원하라는 뜻이었다. 그 소리는 경복궁을 지나 뒤로는 북악산, 앞으로는 목멱산까지 멀리 우렁차게 울려 퍼졌다.

'그래, 나는 이제 임금이 되었다. 조선의 6대 임금이 되었다!'

나는 마침내 만조백관이 보는 앞에 교서(왕이 신하, 백성 등에게 내리는 문서)를 반포하였다.

"돌아보건대 태조께서 나라를 창건하신 이래 태종, 세

종께서 선왕의 위업을 더욱 빛내고 넓히어 문치로 태평성대를 이루었도다. 선친께서도 덕으로 나라를 다스리다가 불행하게도 왕위에 오르신 지 얼마 되지 않아 갑자기 우리 곁을 떠나셨으니 애통한 마음 그지없도다. 하지만 옥좌를 비워 둘 수 없어서 경태 3년 5월 18일에 즉위하노라. 생각건대 짐이 어린 나이로 외로이 상중에 있으면서 나랏일을 잘 다스리지 못할까 하는 마음은 마치 꽁꽁 얼어붙은 연못 위의 얼음판을 걷는 듯 염려스럽고 두렵도다. 하지만 모든 일을 항상 대신들과 함께 의논하여 할 것이니 대신들은 짐을 보좌해서 이 나라를 잘 다스릴 수 있도록 하라. 그럼, 이제부터 마땅히 해야 할 일을 조목조목 말하노라……."

나의 목소리가 근정전 높은 천장으로 울려 퍼졌다. 천장 높은 곳에 매달린 채 여의주를 차지하려고 서로 싸우던 두 마리의 나무 용이 갑자기 꿈틀꿈틀 움직이는 듯하였다.

나는 드디어 임금이 되었다. 열두 살의 어린 임금이.

임금의 자리는 세자 때와는 너무나도 달랐다. 이제 나는 엄살이나 어리광을 부릴 수도 없었다. 새벽 4시 통행금지

해제를 알리는 쇠북소리가 들리면 일어나야 했다. 쇠북소리를 신호로 남대문, 동대문, 서대문이 열리는 것처럼 임금도 백성에게 모범을 보이려면 일찍 눈을 떠야만 했다. 일어나자마자 아침 식사 전에 쌀죽을 가볍게 먹고는 경전을 읽고, 탕, 찜, 전골 등 12첩 반상의 아침밥을 먹은 뒤엔 곤룡포에 익선관을 쓰고 사정전으로 나갔다.

그야말로 아침에 눈을 뜨면 긴 하루가 기다리고 있었다.

해가 뜰 때부터 해가 질 때까지 사정전에서 조회와 경연을 하고, 종친부, 의정부, 충훈사, 부마부, 육조, 사헌부, 사간원에서 산더미 같은 일들이 밀려들어 왔다.

그뿐이 아니었다. 달마다 5일, 11일, 21일, 25일에는 문무백관이 다 참석한 가운데 근정전에서 정식 조회를 열어야만 하였다.

'아, 임금의 자리는 참으로 고단하구나.'

나는 이렇게 많은 일을 하면서도 학문을 연구하고 신하들과 어울려 경연을 즐긴 할아버지가 새삼 위대하게 여겨졌다.

'그래, 게으름을 부리지 말아야 한다. 할아버지처럼 부지런한 임금이 되어야 한다.'

나는 날마다 굳게 다짐하였다. 그러곤 이른 아침의 조회와 하루 세 번의 경연에 한 번도 빠지지 않고 참석하였다. 또한 하루라도 빨리 신하들에게 의지하지 않고 혼자서 나라를 다스리고 싶었다. 하지만 아직은 모든 일을 고명대신들과 의논하지 않으면 안 되었다.

대신들은 신임 관리를 뽑을 때에도 내가 관원들을 잘 알지 못한다는 이유로 후보자 중에서 마땅한 사람을 골라 노란 표시를 하여 올렸다. 그런 일이 자꾸 일어나자 나는 허수아비 임금이 된 기분이었다.

'이럴 수는 없다. 어서 나의 안목과 지략을 넓혀서 임금의 권위를 되찾아야 한다.'

나는 밤낮으로 열심히 나랏일을 배우고 익혔다. 마침내 얼마 후에는 대신들에게 노란 표시를 해서 올리지 말도록 일렀다.

하루하루가 눈 깜짝할 사이에 흘러갔다. 9월이 되자 여기저기서 흉년이 들었다는 소식이 들려왔다. 참으로 가슴 아픈 일이었다.

어느 날 조회에서 좌찬성 정분이 말했다.

"전하, 지금 황해도에 흉년이 들었는데, 3천 명이 성을 쌓는 일을 해야 한다고 하옵나이다. 백성들의 고역을 생각하시어 천 명을 감해 주시옵소서!"

나는 가슴이 아팠다. 먹을 것도 없는데 성을 쌓느라 등허리가 휘도록 벽돌을 쌓고 무거운 돌을 나르고 있을 백성들이 가여웠다.

"여봐라, 백성들이 굶주리는 마당에 성을 쌓는 일이 뭐가 그리 급하느냐? 성을 쌓는 일은 다음으로 미루도록 하여라."

"전하, 황공하옵나이다!"

내 말을 들은 대신들은 몸 둘 바를 몰랐다. 어린 임금이 어찌 그런 결단을 내리는지 놀라는 눈치였다.

하지만 아직 멀었다. 나는 하루빨리 집현전을 설치하여 훈민정음을 만들고, 측우기며 물시계 같은 과학 기기를 발명하고, 두만강, 압록강까지 영토를 넓힌 할아버지 같은 성군이 되리라 날마다 다짐할 뿐이었다.

어느 틈에 찬바람이 불어왔다. 임금의 자리에 오른 지 도다섯 달이 지날 무렵이었다. 명나라에서 나를 임금으로 임명한다는 고명과 함께 비단을 선물로 보내왔다. 그러자 신

하들은 이에 대한 답례로 명나라에 사은사를 보내야 한다고 하였다.

"그렇다면 누가 명나라에 다녀오면 좋겠소?"

나는 신하들에게 물었다. 하지만 대신들은 누구 하나 선뜻 나서서 대답을 하지 못했다. 뭔가 이상한 일이었다.

사실, 명나라 조정에 가서 황제를 만나고 오는 일은 신하들에게는 더할 나위 없는 좋은 기회였다. 명나라 황제의 신임을 듬뿍 받을 수 있으며 조선에 돌아와서도 그만큼 자기의 위치가 든든해지기 때문이다.

'옳지, 잘됐다!'

대신들이 서로 눈치만 살피고 있자 나는 속으로 쾌재를 불렀다. 이번 기회에 경혜 누이의 남편 영양위를 명나라 사은사로 보내고 싶었다.

바로 그때였다. 잠자코 서 있던 수양 숙부가 앞으로 성큼 나섰다.

"전하, 신 수양이 명나라에 다녀오겠나이다!"

"아니, 수양 숙부가 말이오?"

나는 잠시 할 말을 잃었다. 이렇게 수양 숙부가 직접 나설 줄은 미처 몰랐다. 이럴 때 황보인이나 김종서 대감이 나서서 수양 숙부는 안 된다고 말해 주면 좋으련만 그들도 그저 눈치만 보고 있었다. 아무래도 지난번에 여러 대군의 집을 찾아다니며 정사를 논하는 건 옳지 않다고 주장한 것 때문에 수양 숙부한테 된통 혼이 난 이후 몸을 사리는 듯 보였다.

나는 조심스레 입을 열었다.

"과인은 영양위 정종을 사은사로 보낼까 하오."

그러자 수양 숙부의 송충이 눈썹이 꿈틀 위로 치켜 올라갔다. 뭔가 심히 못마땅하다는 표정이었다. 그때 잠자코 있던 정인지가 거들고 나섰다.

"전하, 그건 아니 되옵니다. 영양위는 아직 나이도 어리고 나랏일에 큰 공로를 세운 것도 없사오니, 수양대군처럼 종실에서 지위도 높고 나라에 공로가 있는 분을 보내야 할 줄 아옵니다."

나는 깜짝 놀랐다. 정인지, 정인지가 누구인가? 집현전 학사이며 할아버지의 신임을 얻어 좌참찬, 공조판서를 거쳐 아버지 때에는 병조판서에까지 오르고 고명까지 받은 충신이 아니던가?

'어떻게 정인지가……!'

정인지가 내 말을 거역하고 수양 숙부의 편을 들자 나는 갑자기 울음이 터질 것처럼 노여웠다. 하지만 어느 누구도 내 말을 거들어 주지 않았다. 단지 허후가 아직 선왕의 탈상이 끝나지도 않았는데 종실의 윗분이 나라를 떠나는 건 옳지 않다고 말했지만 누구도 그 말에 따르는 사람이 없었다.

결국 수양 숙부가 명나라 사은사로 떠나게 되었다. 수양 숙부는 공조판서 이사철을 부사로, 신숙주를 종사로 삼아 명나라 북경으로 떠났다. 그러면서 숙양 숙부는 황보인의 아들 황보석과 김종서의 아들 김승규까지 데리고 갔다.

'수양 숙부가 왜 황보인과 김종서의 아들을 데리고 갔을까?'

나는 수양 숙부의 속마음을 곰곰이 헤아려 보았다. 하지만 아무리 생각해도 알 수 없는 일이었다.

그날 밤, 나는 도무지 잠을 이룰 수가 없었다. 이런저런 생각들이 자꾸 실꾸리처럼 엉키어 풀리지가 않았다. 그때였다. 뜬눈으로 밤을 새우던 나는 자리에서 벌떡 일어나 앉았다.

'아, 그랬구나!'

수양 숙부는 자신이 명나라에 가 있는 동안, 행여 황보 인과 김종서가 무슨 일을 꾸밀까 염려되어 그 아들들을 볼모로 데려간 것이었다. 수양 숙부가 그들의 아들들을 데리고 있는 이상 무슨 일을 꾸밀 수는 없을 것이라고 여긴 까닭이었다.

'그렇다면 수양 숙부는 고명대신들이 장차 무슨 일을 꾸밀까 염려한다는 것인가?'

나는 수양 숙부의 치밀한 계산에 부르르 몸이 떨렸다. 생각할수록 머리가 아파 왔다. 마치 깊은 궁궐에 홀로 버려진 기분이었다.

하늘이 무너지고 땅이 꺼지고

한 해가 훌쩍 지났다. 나는 낮이나 밤이나 온 힘을 다해 훌륭한 임금이 되려고 애를 쓰며 지냈다. 그러던 어느 날, 모처럼 영양위가 나를 찾아왔다.

"자형, 어서 오세요!"

나는 경혜 누이를 만난 것처럼 반가웠다. 하지만 영양위는 뭔가 할 말이 있다는 듯 주위를 살피더니 조심스레 입을 열었다.

"전하, 소문을 들으셨습니까?"

"소문이라니요?"

"얼마 전 사은사로 명나라에 다녀온 수양대군이 날마다

무사들을 모은다고 합니다. 인왕산 자락에 있는 수양대군 궁에서는 매일 힘깨나 쓰는 장정들이 모여 창칼을 휘두르며 말타기며 무술 연습을 한다고 하옵니다."

영양위는 잔뜩 걱정스런 얼굴이었다.

"자형, 그게 뭐 새삼스러운 일입니까? 수양 숙부는 원래 사냥이나 무술을 좋아하는 분이 아니옵니까? 안평 숙부가 어려서부터 학문을 좋아하고 시문과 서화를 즐기는 것과는 아주 딴판이지요."

나는 대수롭지 않게 웃어넘겼다. 안평 숙부가 도성의 한강변에 정자를 짓고 수많은 문인들을 불러 뱃놀이를 하며 풍류를 즐기는 것처럼 수양 숙부는 늘 무사들을 모아 사냥을 하고 칼이며 창 쓰는 걸 좋아한다는 건 누구나 다 아는 일이었다.

그러자 영양위는 다시 목소리를 낮추어 말했다.

"전하, 그게 아니오라 들리는 소문에 의하면 지난번 수양대군을 따라 사은사로 갔던 신숙주도 이미 수양대군의 오른팔이 되었다고 합니다. 송도(개성)에 있던 궁지기 한명회, 권람과 손을 잡고 아무래도 무슨 일을 꾸미는 듯하다고 하옵니다. 전하, 어찌하면 좋으리까?"

"자형, 설마 종친의 웃어른인 수양 숙부가 무슨 일을 꾸미겠습니까? 그러니 더 이상 신경 쓰지 마세요. 별일 아닐 겝니다."

나는 아무렇지도 않은 듯 말했다. 낮말은 새가 듣고 밤말은 쥐가 듣는다는 말처럼 괜히 누가 엿들었다가 영양위에게 무슨 일이 생기면 어쩌나 걱정이 되었다. 그러자 영양위는 더 이상 말을 잇지 못한 채 입을 꾹 다물었다. 자칫 말을 잘못했다간 큰 오해를 살 수 있다고 여긴 까닭이다.

"참, 자형, 구름이와 시내는 잘 있습니까? 이왕 대궐에 오시려거든 그 애들을 좀 데려오지 그러셨습니까. 어떻게 지내는지 보고, 대궐 구경도 시켜 주고 싶은데요."

"전하, 그 아이들이 그리도 마음에 드십니까? 사실, 얼마 전에 그 아이들이 슬픈 일을 당했습니다. 지난번 열병이 돌 때 아비 어미를 다 잃고 말았답니다. 그래서 제가 데려다가 구름이는 사랑에서 글공부를 시키고 있고, 시내는 안사람이 동생처럼 여기며 함께 서화도 그리고 수도 놓으며 오순도순 지내고 있습니다. 그러니 언제라도 데리고 오겠습니다."

"아니, 그 아이들이 그처럼 슬픈 일을 당했단 말이오.

쯧쯧. 하지만 참 다행이오. 자형께서 부모를 잃은 가엾은 남매를 따뜻하게 거두어 주고 있으니요."

나는 구름이와 시내가 나처럼 부모 잃은 고아가 되었다는 게 마음이 아팠다.

그날 밤 나는 잠을 이루지 못하고 이리저리 뒤척였다. 아무렇지 않은 듯 웃어넘겼지만 자꾸만 영양위가 했던 말이 귓가에 맴돌았다.

'……힘깨나 쓰는 장정들이 수양대군 궁에 모여 창칼을 휘두르며 무술 연습을 한다고 합니다. ……신숙주도 이미 수양대군의 오른팔이 되었다고 합니다…….'

사실 숙부들이 서로 자기의 세력을 지키기 위해 얼마간의 군사를 거느리고 있음을 모르는 바는 아니었다. 안평 숙부, 금성 숙부도 마찬가지였다.

하지만 그건 어디까지나 자기 집안을 단속하기 위한 사병들이었다. 그런데 힘깨나 쓰는 장정들을 자꾸 불러들인다니…….

'수양 숙부는 왜 하필 내가 임금의 자리에 오른 지금 사람들을 모아 무예를 가르친단 말인가. 더군다나 신숙주가 수양의 오른팔이 되었다니…….'

그럴 수는 없는 일이었다. 신숙주는 일찍부터 할아버지의 남다른 사랑을 받으며 성삼문, 박팽년 등과 함께 머리를 맞대고 훈민정음을 만든 충신이 아니던가. 더군다나 다른 나라 말에도 능통했던 그는 할아버지의 명을 받아 열세 번씩이나 요동을 다녀오고, 왜나라에도 사신으로 다녀올 만큼 신임이 두터웠던 충신이었다. 그런 신숙주가 어찌 딴 마음을 품을 수 있단 말인가?

'만약 수양 숙부와 신숙주가 손을 잡았다면······.'

문득 태조 임금의 다섯째 아들이었던 이방원이 피비린내 나는 왕자의 난을 일으켜 왕위에 오른 일이 떠올랐다.

'설마 그럴 리가!'

나는 섬뜩한 생각을 떨쳐 버리려 고개를 절레절레 내저었다.

밤새 앙상한 나뭇가지에 서리꽃이 하얗게 피었다. 임금의 자리에 오른 지 두 해째 되는 10월 10일, 나는 모처럼 영양위 궁으로 행차를 하였다. 경혜 누이의 생일을 핑계 삼아 이복 누이인 경숙옹주와 함께 바깥나들이를 나선 것이었다.

호랑이, 봉황, 용, 백마 그림이 그려진 깃발과 무기를 든 호위 군사들과 내시, 궁녀들이 뒤를 따랐다. 임금이 한번 궐 밖 행차를 하려면 이토록 많은 사람들이 따라나서야 하는 게 번거로워 그동안 참고 참았던 나들이였다.

"경혜 누이, 생신을 축하드리오!"

나는 선물로 가지고 간 비단을 내놓았다.

"전하, 성은이 망극하옵나이다! 하온데 어찌 용안이 그리도 상하셨습니까?"

경혜 누이는 반쪽이 된 내 얼굴을 보자 가슴이 아픈 모양이었다.

"하하, 누이, 염려 마세요. 임금 공부가 하도 어려워서 그러는 게니까요. 오늘은 나랏일일랑은 다 잊고 예전처럼 누이 옆에서 편히 쉬고 싶습니다."

나는 세상에서 누구보다 경혜 누이가 좋았다. 사람들이 말하길 경혜 누이는 돌아가신 어머니를 꼭 닮았다고 하였다. 태어난 지 하루만에 어머니를 잃은 나는 경혜 누이를 볼 때마다 언제나 어머니를 대하듯 애틋한 마음이 들었다.

나는 예전처럼 어리광을 부리며 경혜 누이의 방으로 들어갔다. 붉은 칠을 한 장롱이며 반닫이, 꽃과 새 자수 병풍이 놓인 방은 화사하면서도 언제나 달착지근한 꽃 냄새가 풍겼다. 그림과 도자기를 좋아하는 누이의 성품답게 문갑 위에 놓인 모란꽃 무늬 청자 꽃병이며 새 무늬 분청사기, 하얀 달항아리, 여러 가지 글과 그림이 걸려 있는 아름다운 방을 새삼스레 둘러보았다.

그때 살며시 방문이 열리며 구름이와 시내가 들어섰다.

"전하, 감축드리옵니다!"

세자 시절 만났던 나를 임금이 되어 다시 만난 남매는 다소곳이 절을 올렸다.

"구름이, 정말 오랜만일세. 그러고 보니 시내도 제법 많이 컸구나."

나는 한 해 사이에 훌쩍 커 버린 남매를 보자 친동기간을 만난 듯 반가웠다.

시내는 그사이 꽃봉오리처럼 더욱 어여뻐졌다.

"그래, 시내야. 이번에는 내게 무슨 놀이를 가르쳐 주려느냐?"

"전하, 요즈음은 윷놀이를 많이 하옵니다."

시내는 해맑갛게 웃었다. 그동안 영양위 궁에 머물며 경혜 누이의 보살핌을 받아서인지 말씨며 몸가짐에 한결 기품이 어렸다.

"윷놀이라면 나도 궁궐에서 해 본 적이 있느니라. 그럼, 우리 내기를 할까? 네가 이기면 큰 선물을 주마."

"전하, 정말이시옵니까? 하지만 저는 선물보다 대궐 구경을 하는 게 소원이옵니다."

"어허, 시내야!"

구름이가 옆에서 넌지시 야단을 쳤다.

"하하하, 그게 뭐 그리 어려운 청이더냐? 그렇잖아도 지난번 자형께 너희들을 한번 데려오라고 하였느니라. 하지만 이제 그냥은 안 되겠구나. 윷놀이를 해서 네가 이기면 그 소원을 들어주마."

나는 짓궂게 말했다. 그러곤 나와 경혜 누이가 한편이 되고, 구름이와 시내가 한편이 되어 윷놀이를 하였다. 영양위와 경숙옹주는 그 옆에서 말판을 놓아 주었다.

대궐 구경을 하고 싶다는 시내의 소원을 하늘이 들은 것일까. 시내가 윷가락을 내던질 때마다 모와 윷이 마구 나왔다.

"하하하, 시내가 또 윷을 했단 말이냐?"

쫓고 쫓기며 말판을 놓는 사이에 방 안에는 웃음꽃이 피어났다.

"하하하, 경혜 누이, 우리가 꼼짝없이 졌소이다. 누이가 조만간 시내를 데리고 대궐로 들어와야겠소."

나는 내기에 진 게 오히려 기뻤다. 동생처럼 귀여운 시내의 소원을 들어줄 수 있게 되었으니까.

이렇게 모처럼 경혜 누이 집에서 즐겁게 지내고 있을 때였다. 갑자기 어디선가 말발굽 소리가 요란하게 들려왔다. 곧이어 수많은 사람들의 발소리가 저벅저벅 들려왔다.

"여봐라, 도대체 무슨 일이냐?"

나는 내시 김연에게 물었다.

"전하, 전하, 크, 큰일 났사옵니다!"

"큰일이라니, 도대체 무슨 일이냐?"

갑자기 알 수 없는 불안감이 나를 휘감았다.

"전하, 지, 지금 수, 수양대군이 군사를 이끌고 교동으로 오고 있다고 하옵니다."

"뭐, 수양 숙부가?"

나는 찬물을 뒤집어쓴 듯 놀랐다. 수양 숙부가 군사를 이끌고 오고 있다니. 이렇게 밤늦은 시간에 궁궐도 아닌 영양위 궁으로 날 찾아올 만큼 다급하고 중요한 일이 대관절 무엇이란 말인가?

"전하, 신 수양이옵니다."

미처 생각할 틈도 없이 뚜벅뚜벅 수양 숙부가 방 안에 들어섰다.

"수양 숙부께서 이 시간에 어쩐 일이십니까. 혹시 무슨 일이라도 일어났습니까?"

나는 짐짓 태연한 체하며 물었다. 그러자 수양 숙부는 내 앞에 머리를 조아린 채 대답했다.

"전하, 신 수양, 방금 역적 김종서의 목을 베고 오는 길입니다."

"뭐라고요? 수양 숙부, 지, 지금 뭐라 하셨습니까! 역적 김종서의 목을 베다니요……."

나는 마치 마른하늘에서 날벼락이 떨어진 것처럼 놀라 되물었다. 그러자 수양 숙부는 눈썹 하나 까딱하지 않고 다시 대답했다.

"전하, 워낙 다급한 일이라 전하께 미리 아뢰지 못하고 이렇게 먼저 역적을 처단하고 달려오는 길입니다."

"수양 숙부, 나는 도무지 무슨 말인지 잘 모르겠소이다. 어서 차근차근 말 좀 해 보세요!"

"전하, 말씀드리기 황공하옵게도 충신이라 믿었던 좌의정 김종서가 중심이 되어 영의정 황보인, 우찬성 이양, 이조판서 민신, 병조판서 조극관 등이 종친인 안평대군과 손을 잡고 전하를 몰아내려는 역모를 꾸몄소이다. 또한 함길도 절제사 이징옥과 경성부사 이경유, 평안도 관찰사 조수량, 충청도 관찰사 안완경도 함께 역모를 꾀하였음을 신과 정인지, 신숙주가 미리 알고 급히 달려가 먼저 김종서와 그의 아들 김승규를 처단하고 오는 길이옵니다."

"수양 숙부, 그럴 리가 없습니다! 뭔가 잘못 아셨어요. 아바마마의 고명을 받은 김종서가 역모를 일으키다니요. 아닙니다, 아니에요!"

나는 사시나무 떨듯 달달달 몸을 떨었다.

할아버지 때부터 이 나라를 위해 충성을 다 바친 충신 김종서, 북방의 호랑이라고 불리던 그가 역모를 꾀하다니 믿을 수가 없었다.

"그렇다면 전하, 신의 말을 못 믿으시겠다는 것이옵니까?"

숙양 숙부의 눈초리가 바짝 치켜 올라갔다.

그제서야 나는 모든 걸 짐작할 수 있었다.

'아, 김종서, 그대가 당했구려! 말을 타고 저 북쪽 오랑캐를 무찌르던 그대가 수양 숙부의 칼에 쓰러졌구려.'

갑자기 하늘이 캄캄해지고 땅이 무너지는 듯하였다.

"아아……!"

나는 울부짖었다. 수양 숙부가 내게 차마 이럴 줄은 몰랐다. 임금인 나도 모르게 이 나라의 충신을 죽이다니, 이럴 수는 없는 일이었다. 하지만 수양대군은 나의 비통함에는 아랑곳없이 또다시 입을 열었다.

"전하, 이제부터 역모에 가담한 황보인 이하 나머지 일당들도 모조리 찾아내어 처단하려 하오니 전하께서는 아무 걱정하지 마시고 신 수양만 믿으시옵소서."

"수양 숙부, 그건 아니 됩니다! 필시 무슨 오해가 있을 터이니 무작정 충신들을 죽일 수는 없습니다. 설령 그런 일이 있다 해도 임금인 내가 먼저 나서서 밝힐 문제입니다. 지금 당장 대궐로 돌아가 자초지종을 알아볼 터이니, 수양 숙부는 제발 고명대신들을 억울하게 죽이지 마세요!"

나는 수양 숙부에 대한 분노로 온몸이 부들부들 떨렸다.

"전하, 그렇다면 이 수양이 없었던 일을 만들었겠소이까. 이 나라와 종실을 지키려는 저의 진심을 그리도 몰라주신단 말입니까?"

수양 숙부는 무섭게 나를 노려보았다. 나는 그 눈빛에서 세상을 뒤집으려는 사람의 살기를 느꼈다.

'조카, 너도 김종서처럼 개죽음을 당하고 싶단 말이냐? 그렇잖으면 순순히 내 말을 따르거라.'

그 눈빛은 내게 그렇게 말하고 있었다.

아아, 나는 수양 숙부가 무서웠다.

그때였다. 나를 호위하고 섰던 내시 김연이 보다 못해 나서서 간곡히 아뢰었다.

"전하, 통촉하시옵소서. 세종대왕 때부터 총애를 받고 높은 자리에 올라 지금까지 부귀영화를 누리고 있는 충신들이 무엇이 부족해서 역모를 하리이까? 분명 무슨 오해가 있을 터이니 부디 앞뒤 사정을 살피심이 옳을 줄 아옵나이다."

그러자 수양 숙부는 느닷없이 옆에 차고 있던 시퍼런 칼을 빼내며 외쳤다.

"이 늙은 내시가 지금 무슨 소리를 하고 있는 게냐? 무엄하다!"

하지만 김연은 눈썹 하나 까딱 않고 수양 숙부에게 대들었다.

"수양대군 나리, 소인이 보기에 그들은 참으로 억울한 누명을 쓰고 있습니다. 하늘이 다 내려다보고 있습니다. 부디 종실의 어른답게 헛된 욕심을 버리고 어리신 상감마마를 보필하심이 옳을 줄 아옵니다."

"뭐야? 에잇, 이 늙은 내시 놈이!"

수양 숙부의 긴 칼이 방 안을 휙 그었다. 눈 깜짝할 사이에 김연의 목이 방 안으로 나뒹굴었다.

"나리, 그리하면 안 되오! 무고한 충신들을 죽이지 마시오. 하늘이 두렵지도 않소? 천벌을 받을 것이오."

옆에 있던 내시 한숭도 나를 막아서며 대들었다. 그러자 수양 숙부는 그를 향해 또 한 번 휘익 칼날을 휘둘렀다. 수양 숙부가 휘두른 칼끝에 꽃병이며 달항아리가 방바닥에 떨어져 산산조각이 나고, 즐겁게 윷놀이를 하던 방 안의 천장과 벽, 사방으로 붉은 꽃이 뚝뚝 떨어졌다.

"아아!"

경혜 누이는 정신을 잃고 쓰러졌다. 곁에 있던 시내와 경숙옹주, 궁녀들도 그 자리에 무너지듯 주저앉았다.

나는 어금니가 덜덜 떨리고 다리에 힘이 하나도 없었다. 금방이라도 수양 숙부가 그 피 묻은 칼로 나를 내리칠 것만 같았다.

"아, 수양 숙부. 제발 그만두시오! 제발……, 그만두시오."

나는 어린아이처럼 서럽게 울었다.

"전하, 모든 일은 신 수양이 알아서 할 터이니 여기서 한 발자국도 움직이면 아니 되옵니다. 그럼!"

수양 숙부는 말발굽 소리를 요란히 내며 다시 궁궐로 돌아갔다.

그날 밤, 수양 숙부의 군사들은 영양위 궁을 두 겹 세 겹으로 에워쌌다. 그들은 내가 궁궐로 돌아가는 것을 꽁꽁 막았다. 나는 꼼짝없이 영양위 궁에 갇히고 말았다.

"아아, 할아버지, 아버지! 소자는 어찌하면 좋겠습니까? 오늘 밤 이 나라의 충신들이 억울하게 죽어 가고 있는데 소자는 어찌하리이까, 흑흑…….."

나는 그 자리에 엎드려 통곡을 하였다. 나라의 충신들이 외마디 비명을 지르며 하나 둘 죽어 가는데 임금인 나는 손가락 하나도 꼼짝할 수가 없다는 것이 가슴을 칠 노릇이었다.

"아아, 이 일을 어찌한단 말이냐!"

나는 가슴을 치며 울고 또 울었다.

슬픈 혼례식

아침은 더디 밝아 왔다. 다음 날 궁궐로 돌아온 나는 어제와 오늘이 달라졌음을 알았다. 너무나 많은 사람들이 내 곁을 떠나간 슬픈 밤이었다. 수양 숙부는 황보인, 조극관, 이양 같은 고명대신들을 모두 죽였다.

그들은 임금인 내가 부른다는 전갈을 받고는 서둘러 대궐로 들어오다가 한명회가 만든 살생부에 따라 차례차례 죽음을 당했다. 수양 숙부 일당은 충신들의 목을 베어 사람들이 오고 가는 저잣거리에 매달아 놓은 것만으로도 모자라, 그들의 어린 아들은 물론이요, 갓난아기까지 무참히 죽였다. 또한 그들의 아내와 딸, 며느리들을 모두 관비나 노비로 삼았다.

　'아아, 이 못난 임금을 용서하오! 내 그대들의 억울한 죽음을 어찌 위로하리오.'

　나는 가슴을 쥐어뜯으며 울었다. 힘없는 임금, 나약한 임금인 나 때문에 수많은 충신과 그의 가족들이 저세상으로 떠났는데, 내가 어찌 임금이라 할 수 있으랴.

　'아아, 내 어찌 죽어서라도 그대들의 얼굴을 바로 볼 수 있으랴…….'

　나는 바늘방석에 앉아 있는 것처럼 괴로웠다.

하지만 슬픔은 그것으로 끝나지 않았다. 이제 조정의 실권을 전부 손아귀에 넣은 수양 숙부는 나에게 안평 숙부를 유배 보내라는 교지를 내리게 했다.

나는 수양 숙부 쪽에서 써 준 교지를 앵무새처럼 그저 따라 읽어야만 했다.

"역적 황보인, 김종서 등이 안평대군 용과 서로 짜고 은밀히 당을 만들어, 저희 패거리를 한양과 지방에 나누어 자리를 잡게 한 후에, 은밀히 군사를 기르고 변방의 무

기를 서울로 운반하여 종묘와 사직을 무너뜨리려 하였다. 그 간사한 무리들은 이미 죽음을 당했으나 종친인 안평대군은 차마 법대로 처리할 수가 없어 멀리 유배를 보내노라."

교지를 읽는 내 목소리는 떨리고 눈물이 저절로 앞을 가렸다.

'불쌍한 안평 숙부……'

내 어찌 죄도 없는 안평 숙부를 강화도로 귀양 보내는 조서(임금의 명령을 적은 문서)를 읽어야만 한단 말인가. 그림을 그리고 글씨를 쓰며 풍류를 즐기던 안평 숙부였다. 할아버지도 숙부의 솜씨를 사랑하시어 남대문에 '숭례문'이라는 현판 글씨를 쓰게 할 만큼 명필이었던 안평 숙부가 아닌가.

나는 수양 숙부가 미웠다. 수양 숙부 옆에서 온갖 권력을 쥐고 흔드는 정인지, 한명회, 신숙주, 권람이 미웠다.

그들은 안평 숙부를 강화도에 귀양 보내 놓고도 마음이 놓이지 않았던 것일까?

"전하, 안평대군은 종사에 큰 죄를 지은 역적의 우두머리인데 어찌 살려 둘 수가 있겠습니까? 그에게 극형을 내리는 게 마땅하옵나이다."

한명회를 비롯하여 그 측근들은 날마다 길고 긴 상소를 올렸다. 모두 안평 숙부 같은 대역죄인을 그냥 살려 두면 안 된다고 입을 모았다.

"경들은 사람의 도리도 모른단 말이오? 이 세상에 어떤 조카가 숙부에게 사약을 내리리까. 나는 못 하오!"

나는 억울하게 귀양살이를 하고 있는 안평 숙부에게 제발 죽음만은 면하게 해 주고 싶었다. 그저 안평 숙부가 한양이며 왕실 따윈 다 잊고 강화도 푸른 바다를 바라보며 평생 그림이나 그리고 시를 읊으며 살기를 바랐다.

하지만 계유년의 피비린내 나는 정난을 일으켜 새롭게 정권을 잡은 한명회와 신하들은 날이면 날마다 나를 들볶았다. 그들은 두려웠던 것이다. 백성들이 김종서, 황보인 등 충신들을 죽인 정난을 기억해 내서 민심이 안평 숙부 쪽으로 기울까 봐 겁이 난 것이었다.

그들은 조회 시간마다 온갖 상소를 올리며 나를 괴롭혔다. 하늘같이 믿었던 정인지, 신숙주가 언제나 앞장서서 나섰다.

나는 정인지, 신숙주의 얼굴을 쏘아보았다.

'너희들이 진정 사람인가?'

어찌 선왕의 고명을 헌신짝처럼 내던지고 꿀을 찾는 나비처럼 권력을 찾아 등을 돌린단 말인가. 그들이 정녕 할아버지와 아버지, 두 임금을 섬기던 충신이란 말인가?

나는 그들의 배신에 가슴 끝이 화살에 찔린 듯 아팠다.

하지만 다행히 내 곁에는 허후, 성삼문, 박팽년, 이개, 유성원, 하위지 같은 충신들이 남아 있었다. 그들은 목숨을 걸고 나를 대신하여 수양 숙부, 정인지, 신숙주에게 안평 숙부를 죽이면 안 된다고 주장하였다. 수양 숙부를 당해 내고, 나를 지켜 줄 유일한 종친은 안평 숙부밖에 없다고 여긴 탓이리라.

그 중에서도 허후는 대쪽 같은 성격대로 강하게 나섰다.

"전하, 종친인 안평대군에게 사약을 내리라고 주장한 좌의정 정인지를 파직하시어 금부에 가두심이 마땅한 줄 아옵나이다!"

허후는 목숨이 위태롭다는 걸 알면서도 그렇게 말했다.

"전하, 안평대군에게 사약을 내려서는 아니 되옵니다."

성삼문도 두 눈을 부릅뜨고 말했다. 그도 늘 함께 공부했던 정인지와 신숙주의 배신에 치가 떨린 탓이다.

그날의 조회는 수양 숙부 쪽과 집현전 충신들의 팽팽한 대결로 끝을 보지 못하였다.

'고맙소, 그대들이라도 언제까지나 내 곁에 있어 주오!'

나는 나 대신 앞장서서 나서 준 충신들의 얼굴을 하나하나 바라보았다. 하지만 눈시울이 뜨거워져서 점점 흐릿하게 보일 뿐이었다.

그러나 어쩌랴, 충신들의 애절한 호소에도 불구하고 결국 안평 숙부에게 사약이 내려졌다. 날마다 머리를 맞대고 궁리를 하던 정인지, 신숙주, 한명회는 내가 나랏일을 모두 수양 숙부에게 맡겼다는 걸 이용하여 사약을 내리고 말았다. 억울하게 죽은 김종서, 황보인처럼 안평 숙부도 그렇게 세상을 떠났다.

'아아, 안평 숙부. 이 못난 조카를 용서하세요!'

나는 내 힘으로 안평 숙부를 살릴 수 없음이 못내 안타까웠다. 도대체 권력이 뭐길래 자신의 친동생에게까지 사약을 내린단 말인가. 앞으로 그들은 내 곁에 남아 있는 충신들도 눈엣가시로 여겨 가만두지 않을 거라고 생각하자 더욱 겁이 났다.

'할아버지 아버지, 저를 도와주세요. 두 분의 혼령이 저

를 지켜 주세요!'

나는 빌고 또 빌었다.

나는 이제 허수아비 임금이었다. 지난해 계유정난으로 내 옆에 있던 충신들의 목숨을 빼앗은 수양 숙부는 조정의 모든 실권을 손아귀에 넣었다. 계유정난에 참가했던 측근들에게 정난공신이라는 칭호와 함께 조정의 크고 작은 관직을 골고루 내리고 금은보화며 비단, 노비들을 하사품으로 내렸다. 이제 나는 모든 나랏일을 수양 숙부에게 맡긴 채 날이면 날마다 글이나 읽으며 시간을 보낼 뿐이었다.

그런 내가 가엾어 보였던 것일까, 수양 숙부는 뜬금없이 혼례를 올리라고 하였다.

"아직 선왕의 거상이 끝나지도 않았는데 혼례를 올리다니, 예를 숭상하는 조선 왕실에서 어찌 그런 일을 한단 말이오. 결단코 들어줄 수가 없소이다!"

나는 버럭 화를 냈다. 뭐든지 마음대로 하는 수양 숙부가 싫었다. 더군다나 이렇게 허수아비 임금 노릇을 하고 있는 마당에 왕비를 맞이하고 싶지 않았다. 이 다음에 내가 좀더 당당해졌을 때 혼례를 올려도 늦지 않으리라.

하지만 혜빈과 경혜 누이의 생각은 달랐다.

"전하, 왕실의 권위를 되찾으려면 혼례를 올리셔야 하옵니다. 하늘에 해와 달이 있듯, 임금이 있으면 당연히 왕비가 있어야 하지요. 그리하여 하루빨리 세자 마마와 왕자님들을 낳으시어 왕실의 번창을 도모하셔야 하옵니다."

"전하, 누이의 생각도 그러하옵니다. 전하 홀로 외로이 계신 걸 생각하면 마음이 한시도 편할 날이 없사옵니다. 그러니 부디 왕비 마마를 맞으시옵소서."

혜빈과 경혜 누이는 내가 어서어서 임금의 권위를 되찾기 바랐다.

나는 여러 사람의 청을 받아들여 혼례를 치렀다. 왕비는 풍저창부사 송현수의 딸로서 나보다 한 살이 많은 열다섯 살이었다.

새해가 밝아 온 지 얼마 되지 않은 정월 스무 이튿날, 허수아비 임금의 혼례를 축하해 주려는 것일까? 간밤에 함박눈이 탐스럽게 내려 궁궐 지붕에도 나뭇가지에도 온통 하얀 눈꽃이 피었다.

왕비는 눈부시도록 어여뻤다. 화려한 대례복을 입고 꽃

관을 쓴 왕비는 내 마음에 들었다. 하지만 추운 바람 탓일까? 왕비의 대례복이 파르르 떨렸다. 나는 떨고 있는 왕비가 마냥 안쓰러웠다. 내 한목숨도 바람 앞의 등불처럼 위태로운 때에 나의 반쪽이 된 왕비가 그지없이 가여웠다.

어느 틈에 혼례식도 끝나고 밤이 이슥해졌다. 꽃과 새 그림 병풍이 둘러쳐진 방 안에는 연꽃봉오리 모양의 백동 쌍촛대에서 은은한 불빛이 흘러나왔다. 다소곳이 앉아 있는 왕비의 옆모습이 불빛에 어룽거렸다. 머리에 꽂은 떨잠에 달린 떨새의 날개가 파르르 떨리고 있었다. 그 모습은 슬프도록 아름다웠다.

"부인, 어찌하여 왕비가 되었소."

나는 꽃다운 왕비가 허수아비 임금인 나와 함께 이 숨 막히는 궁궐에서 살아야 한다는 것이 안타까웠다.

"전하, 무슨 말씀이시옵니까. 신첩은 이제 전하만 믿고 따를 것이옵니다."

왕비는 떨리는 목소리로 대답하였다.

나는 가만가만 다가가 왕비의 손을 꼭 잡았다. 왕비의 손끝이 파르르 떨렸다.

그런데 참 이상한 일이었다. 왕비의 손을 잡는 순간 갑자

기 마음이 평온해졌다. 깊고 깊은 궁궐에서 의지할 사람 하나 없이 외롭게 지냈는데, 이제 든든한 내 편이 생긴 기분이었다. 어제의 충신이 등을 돌리고, 같은 피를 나눈 형제도 죽이는 무서운 궁궐에서 확실하게 내 편이 되어 줄 사람, 마음 놓고 속이야기를 해도 괜찮은 친구를 얻은 듯 든든했다.

나는 오래오래 왕비의 손을 잡고 있었다.

여름이 지나고 가을이 왔건만 나는 여전히 허수아비 임금이었다. 그 많은 충신과 안평 숙부를 죽인 수양 숙부는 그래도 마음이 놓이지 않았던 것일까?

하루는 혜빈이 찾아와 엎드려 통곡을 하였다.

"주상, 부디 옥체를 보존하시옵소서. 저는 이렇게 궐 밖으로 쫓겨나지만 주상은 부디 훗날을 기다리셔야 하옵니다."

"뭐라고요, 혜빈께서 궐 밖으로 쫓겨나신다고요?"

나는 할 말을 잃었다. 그나마 어머니 같은 혜빈이 궁궐에 있어 얼마나 위로를 받았던가. 혜빈은 늘 따스하고 자애로운 모습으로 내 마음을 달래 주었다. 그런 혜빈을 궐 밖으로 내쫓는다니!

"주상, 때를 기다리소서, 때를! 지금은 힘들지만 머잖아 주상께서 꿋꿋이 이 나라를 다스릴 때가 올 것이옵니다. 그때를 기다리셔야 하옵니다!"

혜빈은 쫓겨나면서도 내게 다짐하였다.

"그럴 수는 없습니다! 누가 혜빈을 내쫓는단 말입니까. 제겐 어머니나 다름없는 혜빈에게 누가 감히 그런 무엄한 행동을 한답니까. 여봐라, 거기 아무도 없느냐? 어서 가서 수양 숙부를 데려오너라!"

나는 소리소리 질렀다. 그동안 애써 참았던 분노가 터져 나왔다. 하지만 조정의 권력을 손아귀에 쥐고 있는 대신들은 내 말을 듣지 않았다.

"전하, 혜빈을 궐 밖으로 내보내는 건 모두 전하를 위해서입니다. 안평대군과 뜻을 같이했던 자들이 이번에는 혜빈을 앞세워 또다시 새로운 음모를 꾸밀지 모르옵니다. 그러니 미리미리 손을 써서 전하를 보호하기 위함입니다."

조정 대신들은 얼토당토않은 이유로 내 입을 틀어막았다. 게다가 그들은 한술 더 떠서 내가 외할머니를 만나는 것과 경혜 누이를 만나러 영양위 궁에 가는 것조차 금하였다. 그뿐 아니라 왕비의 아버지인 부원군 송현수까지도 궁궐 출입을 금지시켰다. 나의 손과 발을 꽁꽁 묶어 놓자는 속셈이었다.

"이러고도 내가 한 나라의 임금이란 말인가?"

가슴께가 뜨거워졌다. 그들이 미웠다. 이제 그들이 원하는 게 무엇인지 눈 감고도 알 수 있었다. 그들은 내가 앉아 있는 바로 이 자리, 임금의 자리를 빼앗고 싶었던 것이다.

'그럴 수는 없다!'

나는 고개를 절레절레 내저었다. 결단코 그들에게 임금의 자리를 내줄 수는 없었다. 할아버지, 아버지가 물려준 이 자리를 내 힘으로 꼭 지켜야만 했다. 그래서 먼 훗날 나의 아들에게, 또 아들의 아들에게 대대손손 적통을 이어받은 아들에게 평화롭게 천년만년 이어져야만 했다.

신발이 냇물에 둥둥 떠내려가는

살얼음판을 딛는 듯 조마조마하게 또 한 해가 지나갔다. 어느덧 내 나이 열다섯, 임금이 된 지 3년째 되는 해였다.

봄이 왔건만 나의 마음은 여전히 북풍이 몰아치는 한겨울이었다.

하루는 잠을 자는데 왕비가 조심스레 나를 깨웠다.

"전하, 왜 그리 헛소리를 지르시옵니까?"

왕비는 이마에 흐르는 식은땀을 닦아 주며 물었다.

"내가 헛소리를 질렀소이까?"

나는 아직도 꿈속인 양 두려움에 떨며 되물었다.

"그렇사옵니다. 혹시 무슨 나쁜 꿈이라도 꾸셨사옵니

까?"

"그랬소. 꿈에 아름다운 냇가로 소풍을 갔었지요. 부인과 영양위랑 경혜 누이도 있고, 경숙옹주와 혜빈, 한남군과 영풍군도 있었습니다. 꿈이지만 참으로 오랜만에 기분이 좋았습니다. 넓은 풀밭이 펼쳐져 있고 시냇물이 졸졸 흐르는 곳으로 모처럼 사랑하는 사람들과 나들이를 나갔으니까요. 그런데……."

나는 차마 말을 잇지 못했다. 꿈이지만 너무나 무섭고 해괴한 일이었다.

"전하, 그래서요?"

왕비는 뒷이야기가 궁금하다는 듯 재촉을 했다.

"갑자기 어디선가 군사들이 우르르 나타나서는 우리를 한 사람씩 붙들어다 마구 물속에 빠뜨리는 게 아닙니까? 깊은 물속에서 아무리 허우적거리며 발버둥을 쳐도 소용이 없었어요. 오히려 자꾸 물속으로 가라앉기만 했으니까요. 그런데 참 해괴한 일이 벌어졌습니다. 그 맑던 시냇물이 갑자기 핏빛으로 물드는 게 아닙니까? 게다가 더욱 이상한 일은 우리가 신었던 비단신들이 모두 핏빛 냇물 위로 둥실둥실 떠내려가는 것이었소."

"전하, 신, 신발이 말씀이옵니까?"

"그렇소이다. 우리들의 비단신이 모두 핏빛 냇물 위로 둥둥 떠내려갔답니다. 부인, 그건 분명히 나쁜 일이 일어날 징조겠지요? 어찌하여 맑던 냇물이 핏빛으로 변하며, 신발이 다 떠내려간답니까. 꿈에 신발을 잃어버리면 누가 죽는다고 하던데……."

온몸으로 또다시 식은땀이 주르르 흘렀다.

"전하, 설마 무슨 일이 있을라고요. 그동안 너무 참혹한 일들을 겪으셔서 그런 악몽을 꾸신 게지요. 이제 마음을 편히 하시옵소서."

왕비는 애써 나를 위로했지만 난 그 무서운 꿈을 잊을 수가 없었다.

그러던 어느 날이었다. 나는 복잡한 머리도 쉴 겸 경회루로 산보를 나갔다. 궁녀와 내시들도 조용히 내 뒤를 따랐다.

경회루 연못에는 어느 틈에 봉긋봉긋 연꽃이 피어 있었다. 넓은 연잎 위로 잉어들이 펄쩍펄쩍 뛰어올랐다. 그럴 때마다 물 위에 드리워진 경회루의 물그림자도 그윽하게 흔들렸다.

나는 천천히 경회루 누각으로 올라갔다. 오른쪽으로 인왕산이 보이고, 멀리 목멱산의 푸르름이 손에 잡힐 듯 들어왔다. 사정전과 강녕전, 왕비의 거처인 교태전만 들락거리다가 모처럼 먼 산을 둘러보니 마음까지 싱그러운 풀물이 드는 듯했다.

'언제 이처럼 꽃이 피고 나무 잎새가 푸르러졌단 말인가. 꽃이며 나무들도 때가 되면 꽃을 피우고 잎새를 돋울 줄 알건만, 하물며 사람인 나는 언제 스스로 임금 노릇을 할는지…….'

나는 답답한 마음으로 경회루 기둥에 새겨진 용무늬를 어루만졌다. 임금의 상징인 용, 꿈틀거리는 용무늬는 바로 이곳이 임금이 드나드는 정원이라는 뜻이었다. 할아버지는 얼마나 자주 이 경회루에 나와 시연을 베푸셨던가.

문득 서너 살 무렵, 할아버지 앞으로 불려 가서 고사리 같은 손으로 화선지에 글을 쓰던 일이 떠올랐다.

"아무래도 우리 세손이 명필이 되겠구려. 한 획 한 획 내긋는 힘이 이리도 거침이 없다니, 놀랍도다!"

할아버지는 여러 신하들 앞에서 침이 마르도록 나를 칭

찬해 주셨다. 삐뚤삐뚤한 글씨를 보고 그토록 칭찬을 아끼지 않았던 건 아마도 어미 없이 자란 내가 기죽지 않고 당당하게 지내기를 바라셨기 때문이리라. 할아버지는 그처럼 자상하게 어린 나를 사랑해 주셨다.

경회루 기둥을 잡고 서 있자니 행복했던 어린 시절의 기억이 하나 둘 떠올랐다. 어린 궁녀들에게 숨바꼭질을 하자며 경회루 기둥 사이를 요리조리 뛰어다니던 일이 떠오르자 저절로 입가에 웃음이 번졌다. 참으로 그리운 시절이었다.

그때였다. 어디선가 정인지가 소리도 없이 다가왔다.

"전하, 경회루 연꽃을 보러 나오셨사옵니까?"

"경이 어인 일이오?"

나는 얼굴을 찌푸렸다. 배은망덕한 정인지의 얼굴을 보는 것만으로도 심사가 뒤틀렸다. 정인지가 신숙주, 한명회, 권람과 함께 손을 잡지만 않았던들 계유정난과 같은 무서운 일은 일어나지 않았을 걸 알고 있기 때문이었다.

"전하, 긴히 드릴 말씀이 있사오니 궁녀와 내시들을 물려 주옵소서."

정인지는 주위를 살피며 말했다.

"무슨 할 말이 있어서 그러오? 급한 일이 아니면 내일 편전(임금이 평상시에 거처하는 궁전)에서 하시오."

"전하, 누가 들으면 좀……."

정인지는 머뭇거리며 내시와 궁녀들을 바라보았다. 그들이 차마 내 곁을 떠나지 못하고 우물쭈물거리자 정인지는 호령하였다.

"여봐라, 어서 썩 물러가 있지 못하겠느냐!"

날아가는 새도 떨어뜨린다는 정인지의 말을 그 누가 거역할 것인가. 그들은 주춤주춤 뒷걸음질을 쳤다.

"그래, 할 말이 무엇이오?"

나는 짜증스럽게 물었다. 모처럼 가진 행복한 시간을 방해받자 울컥 화가 치밀었다.

"전하, 신 정인지, 세종 임금때부터 이 나라 종묘사직을 위해 일해 왔사옵니다. 신이 생각하건대 전하께옵서 더 큰일을 당하시기 전에 나랏일을 다른 사람에게 넘기시고, 여생을 편안히 지내심이 옳지 않을까 하옵니다."

정인지는 미리 연습을 한 사람처럼 또박또박 말했다.

"그, 그게 무슨 말이냐! 뭐, 더 큰일을 당하기 전에 나랏일을 다른 사람에게 넘기라니, 지금 나더러……?"

나는 내 귀를 의심하였다. 지금 정인지가 나더러 임금 자리를 내놓으라는 말을 하는 것인가?

"전하, 황공하옵나이다. 하오나 신은 전하의 옥체가 염려되어 아뢰는 말씀이옵니다. 부디 통촉하시옵소서."

정인지는 조금도 당황하는 기색 없이 다시 말했다.

"뭐라, 정녕 지금 네가 나더러 양위(임금 자리를 물려줌)를 하라는 말이더냐? 정인지, 네가 감히 내게 그런 말을 하다니. 에잇, 고얀지고! 여봐라, 어서 이 고얀 늙은이를 끌어내어 금부에 가두지 못할까. 당장 이 역적을 끌어내거라, 어서!"

나의 분노한 목소리가 경회루 누각을 쩌렁쩌렁 울렸다.

"전하, 전하!"

내시와 궁녀들도 어깨를 들썩이며 흐느꼈다.

'아아, 나는 어찌하여 이리도 덕이 없을까. 신하가 임금에게 자리를 내놓으라고 추궁을 하다니! 하지만 나는 물러서지 않을 테다. 절대로 너희들에게 임금 자리를 내주지 않을 테다. 나는 이 나라를 잘 다스려 역사에 부끄럽지 않은 훌륭한 임금이 될 것이다. 그러려면 모든 걸 꿋꿋이 참아야 한다.'

두 눈에서 눈물이 주르르 흘렀다.

그날 경회루에서 정인지가 내게 임금 자리를 내놓으라고 했던 일은 사람들의 입을 타고 이리저리 퍼져 나갔다. 하지만 소문을 들은 사람들은 모두 깊이 탄식만 할 뿐이었다. 모두 서슬 푸른 수양 숙부의 기세에 눌려 그저 벙어리 냉가슴만 앓고 있을 뿐이었다.

그러나 금성 숙부는 달랐다. 할아버지의 여섯 번째 아들인 금성 숙부는 수양 숙부가 안평 숙부에게 사약을 내린 후부터 늘 수양 숙부가 하는 일을 못마땅해하던 참이었다.

어느 날 금성 숙부가 나를 찾아왔다.

"전하, 너무 상심하지 마시옵소서. 전하 곁에는 제가 있사옵니다. 이 금성이 전하를 보호해 드릴 것이옵니다. 방금 수양 형님을 만나고 오는 길입니다."

금성 숙부는 수양 숙부를 찾아갔던 일을 자세히 이야기해 주었다.

"전하, 어제 정인지가 임금 자리를 내놓으라는 말을 했다는데, 도대체 그게 정인지 생각인지, 수양 형님이 시켜서 한 짓인지 물었사옵니다. 그러자 수양 형님은 모르는 일이라고 했사옵니다. 그래서 제가 당장 정인지를 삭탈

관직하고 극형에 처하라고 일렀습니다. 그렇게 하지 않으면 아무리 정인지가 스스로 한 말이라 하더라도 세상 사람들은 수양 형님이 시켜서 한 일이라고 생각할 것이고, 조정에 그런 둘도 없는 간신을 살려 두었다간 수양 형님이 누명을 쓰게 될 것이라고 단단히 충고를 하였사옵니다."

금성 숙부는 단호하게 말했다.

"허나 금성 숙부, 더 이상 나서지 마세요. 그러다가 행여……."

나는 말끝을 흐렸다. 죄 없이 죽음을 당한 안평 숙부처럼 금성 숙부까지 무슨 일을 당하면 어쩌나 겁이 났기 때문이었다.

"전하, 양녕대군과 같은 종실 어른이 계시면 뭐합니까? 그저 조카인 수양 형님의 눈치나 살피고 있는 걸요. 그래서 제가 나선 것입니다. 형님이 영의정 자리에서 나랏일을 도맡아 하는 마당에 더 이상 뭐가 부족하냐며, 만일 형님이 잘못된 생각을 가지고 있으면 하늘도 용서치 않고, 신 금성 또한 용서치 않을 것임을 분명히 알렸습니다. 그러니 전하, 부디 마음을 편안히 가지시옵소서."

금성 숙부는 계속하여 나를 안심시켰다.

그뿐이 아니었다. 혜빈의 아들이자 수양 숙부의 이복 동생들인 한남군과 영풍군도 나를 찾아와 위로하였다.

"전하, 저희들도 수양대군을 찾아가 정인지를 처단해야 한다고 말했사옵나이다. 그러니 부디 옥체를 보존하시옵소서."

그들은 나를 위해 스스로 낟가리(낟알이 붙은 곡식을 그대로 쌓은 더미)를 지고 불 속으로 뛰어들었던 것이었다.

기회만 노리고 있던 수양 숙부와 그의 신하들인 정인지, 신숙주, 한명회, 권람에게 이보다 더 좋은 빌미는 없었다. 마치 덫을 놓고 기다리던 사냥꾼처럼 그들은 나를 위해 수양 숙부에게 충고를 했던 사람들을 가만두지 않았다.

어느 날, 그들은 기다렸다는 듯이 죽은 안평 숙부처럼 역모를 하였다는 터무니없는 죄명을 붙여 금성 숙부를 잡아들였다.

금성 숙부뿐만이 아니었다. 혜빈과 한남군, 영풍군, 그리고 나의 하나뿐인 누이 경혜공주와 영양위도 내 편이라는 이유로 멀리멀리 귀양을 보냈다. 금성 숙부는 삭녕(경기도 연천)으로, 혜빈은 청풍으로, 한남군은 금산으로, 영풍군은 예안으로, 나의 매형인 영양위 정종은 머나먼 영월로……, 그렇게 멀리멀리 떠나보낸 것이다.

그뿐이 아니었다. 그들은 나와 왕비를 역적들로부터 보호한다는 구실로 강녕전과 교태전에서 자미당으로 내쫓았다. 한 나라의 임금을 제멋대로 궁궐 한쪽 구석에 가둬 놓은 것이다.

"아아, 이럴 수는 없다. 이럴 수는 없어!"

나는 치가 떨리고 분해서 견딜 수가 없었다.

그것은 무서운 회오리바람이었다. 이때까지 한 번도 겪어 보지 못한, 세상을 송두리째 뒤집어엎을 만큼 어마어마하게 무서운 바람이었다.

문득 얼마 전의 악몽이 떠올랐다. 그랬다. 맑던 냇물이 핏빛으로 바뀌고, 내가 사랑하는 사람들이 모두 냇물에 빠져 허우적거리고, 비단신이 둥실둥실 떠내려가던 꿈. 모든 것이 꿈에 보이던 그대로였다. 꿈속에서처럼 나의 사랑하는 사람들이 모두 피눈물을 흘리며 내 곁을 떠나 버렸다. 비단신 대신 짚신을 신고 아무 죄도 없이 귀양길에 오른 것이다.

"아아, 누이, 경혜 누이!"

나는 임금이면서도 하나뿐인 누이가 귀양 길에 오른 남편을 따라가는 걸 막을 수가 없었다. 아버지가 그토록 어여삐 여기던 경혜공주, 어머니를 꼭 닮았다는 경혜공주, 나의 사랑하는 누이가 수양 숙부한테 내쫓김을 당했는데도 아무것도 해 줄 수가 없다니!

"이럴 수는 없는 일이다. 이토록 잔인할 수는 없는 일이야……."

나는 당장이라도 보검을 들고 달려가 단칼에 그들을 베어 내고 싶었다. 아아, 하지만 내겐 그럴 힘이 없었다. 이젠 내 편이 되어 줄 사람은 아무도 없었다. 나를 따르던 궁녀와 내시들도 그들에게 다 죽음을 당하고 아무도 없었다. 나는 그저 허깨비 임금, 지푸라기 임금일 뿐이었다.

날마다 두려움이 온몸을 휘감았다. 두려움은 마치 구렁이처럼 스멀스멀 내 몸을 기어올라 왔다. 점점 숨이 가빠 왔다. 자꾸만 헛것이 보였다.

"전하, 그래도 그 자리에 앉아 계시렵니까? 어서 내놓으시지요, 어서!"

"하하하, 이제 아무리 버둥거려도 소용없습니다. 그러니 어서 옥새를 수양대군께 물려주시지요!"

내 눈앞에서 정인지, 신숙주, 한명회, 권람이 음흉하게 웃으며 달려들었다. 그들은 마치 무당처럼 울긋불긋한 옷자락을 너울너울 흔들며 내 머리 위로 시퍼런 칼날을 흔들어 대었다.

"아악!"

나는 외마디 비명을 질렀다. 헛것인 줄 알면서도 너무나 무서웠다.

그 순간 문득 깨달았다.

"아아, 나의 어리석음이여!"

내가 임금의 자리를 지키려고 안간힘을 쓸수록 오히려 사랑하는 사람들이 죄도 없이 고통을 당한다는 걸 왜 몰랐을까. 내가 임금의 자리를 지키고 앉아 있음으로 그들이 죽음을 당하고, 멀리 낯선 땅으로 귀양을 갔다는 걸 왜 진작 몰랐단 말인가. 그동안 종묘사직을 위하고, 이 나라를 위해 성군이 되겠다는 마음으로 용상에 버티고 앉아 있었던 게 참으로 어리석은 일임을 왜 몰랐을까.

'그래, 내가 어리석었구나. 내가 어리석었어. 그들이 원하는 건 단 한 가지, 임금의 자리가 아니던가! 그렇다면 이제라도 이까짓 임금의 자리를 다 내주자. 그렇게 하는

것이 나를 위해 멀리멀리 귀양 간 사람들의 목숨을 살리는 길이다. 그래, 다 내주고, 수양 숙부가 임금이 되어 이 나라를 다스리게 하자. 그것이 사랑하는 사람들을 구하는 길이 된다면 그렇게 하자.'

나는 계유정난 때 억울하게 죽어 간 안평 숙부와 김종서, 황보인, 조극관, 이양과 같은 충신들처럼 금성 숙부와 경혜 누이, 영양위, 혜빈 모자가 죽는 걸 더 이상 지켜볼 수가 없었다.

'오늘 밤이 마지막이구나!'

나는 임금인 나와 혼례를 올리고 왕비가 되었지만 단 하루도 마음 편하게 지내지 못한 가엾은 왕비와 단둘이 호젓하게 임금으로서 마지막 밤을 보내고 싶었다.

"부인, 오늘 밤에는 부인과 술 한잔 마시고 싶소이다."

나는 평소 즐겨 하지 않던 술을 찾았다. 왕비는 상궁 나인에게 주안상을 내오도록 일렀다.

밖은 이미 캄캄해졌다. 방 안에는 등잔불이 일렁거렸다. 다소곳이 마주 앉은 왕비의 얼굴이 불빛에도 백지장처럼 핼쑥해 보였다.

"자, 부인, 받으세요. 이것이 임금으로서 왕비에게 내리는 마지막 술잔이외다."

"전하……, 흐흑…… 흑……."

왕비는 술잔을 든 채 흐느껴 울었다.

나는 흐느끼는 왕비에게 천천히 술을 따랐다. 내 앞의 술잔에도 한 잔 따랐다.

"부인, 마십시다. 이제 오늘 밤이 지나면 우린 새처럼 자유로운 몸이 될 게요. 그러니 눈물을 흘릴 게 아니라 덩실덩실 춤이라도 춰야잖소?"

"전하, 전하……."

왕비는 마침내 내 가슴에 얼굴을 묻고 통곡을 하였다.

"부인, 미안하오. 참으로 미안하오. 그대는 어찌하여 평범한 남자의 아낙이 되지 못하였소. 나는 이제 이 무거운 곤룡포를 벗어 놓으려 하오. 이 옷은 처음부터 내 옷이 아니었나 보오. 내겐 너무 무거웠소. 하지만 부인, 나는 할아버지 같은 성군이 되어 이 나라를 잘 다스리고 싶었소. 저 만주 벌판까지 영토를 넓히고, 백성들을 배불리 먹이며 태평성대를 열고 싶었소이다. 그래서 이다음 할아버지와 아버지 앞에 나아가 '홍위야, 참 잘했다.

훌륭하구나!' 라는 칭찬을 듣고 싶었소. 그런데……."

나의 옷자락으로 뜨거운 눈물이 주르르 흘러내렸다.

나는 왕비를 껴안은 채 부끄러움도 잊고 어린아이처럼 흐느껴 울었다.

"흑……, 전하! 신첩도 기쁘옵니다. 이제 무거운 짐을 훨훨 다 벗고 다른 지아비 지어미처럼 오순도순 정답게 살아갈 걸 생각하면 차라리 기쁘옵니다. 전하께옵서도 늘 그게 소원이라고 하지 않으셨사옵니까? 이제 그 뜻을 이루게 되었으니 참으로 감축드리옵니다, 전하."

어린 왕비의 눈에서도 뜨거운 눈물이 주르르 흘렀다. 왕비는 내가 밤마다 악몽에 시달리는 걸 누구보다 잘 알고 있기에 말없이 내 뜻에 따라 준 것이다. 하지만 나 때문에 죽어 간 충신들을 생각하자 저절로 목이 메었다.

'미안하오, 참으로 미안하오. 그대들이 목숨을 바쳐 날 지켜 줬건만 그 은혜에 보답도 못 하고 이제 임금의 자리를 내주게 되었소. 먼 훗날, 내 그대들의 얼굴을 어찌 똑바로 볼까…….'

나는 그들의 얼굴을 하나하나 떠올렸다.

밤은 점점 깊어 갔다. 나는 하염없이 술잔을 들었다.

그날 밤은 내가 임금 자리에 오른 지 3년째 되는 윤 6월 10일, 멀리 궁궐 북쪽 후원에서 소쩍새가 소쩍소쩍 울어 대는 슬픈 밤이었다.

곤룡포를 벗으며

 날이 밝아 왔다. 나는 경회루에서 조회를 열었다. 경회루 연못에는 며칠 전보다 더 많은 연꽃들이 활짝활짝 피어 있었다. 연못 위로 아무것도 모르는 잉어들만 펄쩍 뛰어오르며 장난을 쳤다.
 나는 임금이 된 지 3년째인 윤 6월 11일, 마침내 양위 교지를 내시 전균에게 내어 주며 우의정 한확에게 보내라고 일렀다. 그러곤 서둘러 대소 신료들에게 경회루로 모일 것을 명했다.
 임금이 부른다는 명을 받들고 신하들은 서둘러 경회루로 모여들었다.

나는 천천히 사정전을 나와 경회루로 들어섰다. 이제 곧 곤룡포를 입고 익선관을 쓴 채 용상에 앉는 것도 오늘이 마지막이었다.

'미안하오. 그대들의 뜻을 저버리고 나는 이제 물러나오.'

경회루의 높은 용상에 앉아 신하들의 얼굴을 하나하나 둘러보았다. 할아버지, 아버지 때부터 나라를 위해 애쓴 낯익은 신하들이 무슨 영문인지도 모른 채 엎드려 있는 걸 보자 눈시울이 뜨거워졌다.

나는 천천히 교지를 내렸다.

"과인이 어린 나이에 선왕의 대업을 이어받고 궁중 안에 깊이 거처하고 있으므로 나라의 많은 일을 감당할 수 없도다. 임금의 자리에 있는 동안 과인이 덕이 없어 흉흉한 일들이 끊이지 않고 일어났도다. 그러므로 이제 더 이상 임금의 자리에 머물러 있을 수 없어 수양대군에게 왕위를 넘기고자 하니 종친과 문무백관, 대소 신료들은 내 뜻을 저버리지 말고 수양대군을 새 임금으로 받들어 부디 이 나라를 잘 다스려 주기 바라노라."

그러자 무슨 영문인지도 모른 채 엎드려 있던 신하들이

큰 소리로 간청했다.

"전하, 그럴 수는 없사옵니다. 방금 내리신 교지를 거두어주시옵소서!"

"전하, 아니 되옵니다!"

동부승지 성삼문과 박팽년, 유성원이 비통한 얼굴로 외쳤다. 하지만 그와는 반대로 정인지, 한명회, 한확 등 수양 숙부를 따르는 신하들의 얼굴은 금방 달덩이처럼 환해졌다. 나는 그들의 모습을 물끄러미 바라보았다.

하지만 나는 이미 뜻을 정한 사람이었다. 더 이상 뭘 꾸물거릴 필요가 있단 말인가. 어서 이 자리를 떠나고 싶을 뿐이었다.

"동부승지, 어서 옥새를 가져오시오!"

나는 가장 믿을 수 있는 성삼문에게 그 일을 시켰다.

"전하, 아니 되옵니다, 전하…… 흑흑…….."

성삼문은 옥새를 끌어안고는 대성통곡을 했다. 그러자 엎드려 있던 수양 숙부가 성삼문을 한껏 흘겨보았다.

"동부승지는 무엇 하오. 어서 옥새를 올리시오!"

나는 다시 한 번 재촉하였다.

성삼문은 눈물로 뒤범벅이 된 얼굴로 마지못해 옥새를

나에게 넘겨주었다.

"자, 수양 숙부, 이 옥새를 받으시오."

나는 수양 숙부에게 임금의 상징인 옥새를 건넸다. 하지만 그토록 내 자리를 탐내던 수양 숙부는 무슨 일인지 엎드려 간절히 외쳤다.

"전하, 부디 통촉하시옵소서!"

수양 숙부는 눈물까지 흘리며 사양하였다.

"수양 숙부, 받으시오. 숙부께서 그토록 원하는 임금의 자리외다. 나는 더 이상 이 자리에 앉아 있을 수가 없어요."

"전하, 통촉하시옵소서!"

수양 숙부는 눈물을 흘리며 세 번이나 교지를 거두어 달라고 간청하였다.

나는 그런 수양 숙부의 모습을 가만히 내려다보았다.

'수양 숙부, 어느 것이 숙부의 참얼굴입니까? 죄 없는 형제와 신하들을 다 죽이고 귀양 보내더니 이제 와서 나보고 임금의 자리에 더 앉아 있으라고요. 나더러 얼마나 더 많은 사람들이 죽어 가는 걸 보란 말입니까? 자, 어서 앉으세요. 이 높고 높은 용상에 앉아 이 나라 임금이 되

세요. 억울하게 죽어 간 충신들을 생각해 부디 이 나라의 성군이 되시구려!'

"전하, 황공하옵나이다!"

수양 숙부는 못 이기는 척 옥새를 받았다. 여러 충신들의 피를 흘리고 얻은 옥새, 임금의 자리였다.

아, 마침내 나는 무거운 짐을 내려놓았다. 이제 용무늬가 아로새겨진 이 용상도, 곤룡포와 익선관도 다 홀가분하게 벗어 놓은 것이다.

"경들은 부디 새 임금을 잘 받들어 태평성대를 이루도록 하시오."

나는 엎드려 통곡하는 신하들을 남겨 두고 천천히 경회루를 빠져나왔다.

이제 나는 경복궁을 떠날 것이다. 할아버지와 아버지, 경혜 누이와 행복하게 지냈던 어린 시절이 구석구석 스며 있는 경복궁을 떠나는 것이다.

한 줄기 눈물이 뺨을 타고 흘렀다.

상왕이 된 나와 대비가 된 중전은 창덕궁 가까이에 있는 별궁인 수강궁으로 옮겨 왔다.

조선 3대 임금이었던 태종 임금은 같은 피를 나눈 왕자들을 죽이고 임금의 자리에 오른 뒤, 피비린내 나는 경복궁이 싫었던 것일까? 보위에 오르자마자 나지막한 매봉우리 응봉을 뒤에 두고 멀리는 북한산 보현봉우리에 안겨 있는 듯한 이곳에 새로운 궁궐인 창덕궁을 지었다.

나는 경복궁에서 멀리 떨어진 창덕궁 옆의 수강궁으로 가는 게 차라리 좋았다. 하지만 나와 왕비가 수강궁으로 물러날 때에는 어두운 밤이었건만 불도 없었다.

종루를 내려오자 좌우 행랑에서 따르던 시종들이 엎드려 통곡했다.

"괜찮다, 나는 괜찮으니 어서 울음을 그치거라."

아무리 타일러도 그들의 통곡 소리는 그치지 않았다.

오랫동안 사람이 살지 않았던 수강궁은 궁녀들이 서둘러 청소를 하고 단장을 하였지만 초라하기 이를 데 없었다. 그러나 나는 그것으로 족하였다. 사랑하는 사람들이 모두 낯선 유배지에서 고생하고 있는 걸 생각하면 이것도 과분할 따름이었다.

"전하……."

익선관과 곤룡포를 벗어 놓고 이젠 상왕이 된 나를 보고 왕비는 눈물을 글썽였지만 나는 모처럼 마음이 평안하였다. 이대로 죽을 때까지 왕비와 함께 조용히 살고 싶을 따름이었다. 임금이 된 수양 숙부나 그들을 따르는 신하들의 얼굴을 평생 보지 않고 조용히 말이다.

수양 숙부는 내가 양위를 하자마자 바로 그날, 미리 준비해 놓았던 곤룡포와 익선관을 갖추어 입고 만조백관(조정의 모든 벼슬아치)의 하례를 받았다고 하였다. 그런 다음에는 근정전에서 밤이 늦도록 잔치를 열었다고 하였다. 물론 정인지, 신숙주, 강맹경, 한명회, 한확 등 수양 숙부가 임금의 자리에 오르는 데 공로가 있는 신하들에게 벼슬과 함께 수많은 선물도 내려 주었다고 하였다.

하지만 내 자리를 빼앗고 용상에 앉은 게 마음에 걸렸던 것일까, 아니면 백성들에게 상왕인 나를 잘 모신다는 걸 보여 주려는 것일까. 수양 숙부는 매월 1일과 12일, 22일이 되면 왕비가 된 숙모와 왕자, 백관을 거느리고 수강궁으로 문안을 왔다.

나는 수양 숙부의 얼굴을 더 이상 보고 싶지 않았다. 수양 숙부한테서 풍겨 오는 피 냄새가 두렵고 무서웠다.

"숙부님, 나랏일로 바쁘신데 앞으로는 문안 인사를 거

두어 주시오."

나는 마침내 새 임금과 왕비의 문안 인사를 거절했다.

수강궁에서의 하루하루가 흘러갔다. 나는 여전히 잠을 자다가 가위에 눌리곤 하였다. 때로는 멀리 귀양 가 있는 금성 숙부와 경혜 누이, 영양위를 떠올리며 눈물지었다. 하지만 임금의 자리를 내놓은 이상, 귀양이 풀려 돌아올 그날을 손꼽아 기다릴 뿐이었다.

'경혜 누이, 이제 곧 만나게 되겠지요. 부디 그동안 몸 성히 잘 있기를 바라오.'

나는 천지신명께 간절히 빌었다.

그러던 어느 날이었다. 수강궁 뜰에도 한창 여름이 무르익고 있을 때였다.

"부인, 우리 산책이나 합시다."

나는 하루 종일 방 안에 틀어박혀 있는 왕비를 데리고 산책을 나섰다.

경복궁에 비해 전각도 많지 않고 문무백관들의 출입이 없어서 수강궁은 산책하기엔 아주 그만이었다. 나와 왕비는 천천히 수강궁 뜰을 거닐었다.

그때였다. 나를 모시는 송 내시가 어린 소녀 하나를 데리고 오는 게 아닌가. 소녀는 잔뜩 겁에 질린 얼굴로 사뿐사뿐 우리 곁으로 다가왔다. 분홍 저고리에 남색 치마를 입은 모습이 어딘가 낯이 익었다.

'누굴까?'

나는 모처럼 궁녀가 아닌 사가의 처녀를 보자 어리둥절하였다. 그러다간 소스라쳐 놀랐다.

시내가 아닌가? 시내가 틀림없었다. 그동안 키가 한 뼘이나 더 크고 제법 아리따운 처녀티가 풍겼지만, 머루처럼 또렷한 눈이며 갸름한 얼굴은 분명 시내였다. 그렇잖아도 누이와 영양위가 귀양을 떠난 후 구름이와 시내의 소식이 궁금하던 참이었다.

"시내야, 네가 정말 시내더냐?"

"전하, 소녀, 시내이옵니다."

시내는 눈물을 꽃잎처럼 후드득 떨구었다.

"네가 어찌 여길 다 왔느냐? 잘 왔느니라, 참 잘 왔느니라!"

나는 경혜 누이를 만난 듯 반가웠다.

"전하, 영양위 내외께서 귀양을 떠나신 후 오갈 데 없는 구름이와 시내 남매가 통인방(관아의 아전들이 머무는 곳)

을 찾아왔습니다. 그들은 소신이 전하를 뫼시는 내시인 걸 이미 알고 왔나이다. 전하께옵서 수강궁에 계시다는 걸 알고는 뵙고 싶다고 하여 이렇게 데리고 왔습니다."
"잘했다, 참 잘했어. 자, 어서 안으로 들어가 우리 이야기를 하자꾸나."
나는 오랜만에 환한 얼굴로 말했다.
"그래, 시내야, 영양위랑 누이가 떠날 때의 모습을 내게 말해 다오. 군졸들이 심하게 다루지는 않았느냐?"
"전하, 경혜공주와 영양위께서는 그 와중에도 전하가 계신 궁궐을 향해 절을 하옵고 '전하, 부디 만수무강하시옵소서!' 하며 통곡을 하였사옵나이다. 그러곤 대문을 나서며 저에게 무슨 일이 있어도 살아남아 전하께 공주님의 소식을 전해 달라고 당부하셨습니다. 경혜공주님 내외가 끌려간 뒤 교동 영양위 궁은 모두 그들의 손아귀에 들어갔습니다. 공주님께서 아끼던 금은보석이며 비단은 물론이요, 도자기며 그림, 살림살이까지 전부 그들의 차지가 되었습니다. 하지만 저와 오라버니는 문서에 있는 하인이 아니었기에 몰래 그 집을 빠져나올 수가 있었습니다. 전하, 지금도 울며 떠나시던 경혜공주님을 생각하면 가슴이 미어집니다."

시내는 흐르는 눈물을 옷고름으로 닦으며 말했다.

나도 누이와 영양위를 생각하자 또다시 뜨거운 눈물이 흘렀다. 이렇게 시내를 만나 그날의 이야기를 듣고 보니 새삼 수양 숙부에 대한 분노가 일었다.

'수양 숙부, 내 두 눈으로 똑똑히 보리다. 수양 숙부가 얼마나 선정을 베풀고 이 나라를 잘 다스리는지 똑똑히 볼 것이외다.'

나는 어금니를 깨물며 다짐하였다.

"그런데 시내야, 어찌하여 구름이 함께 오지 않았느냐? 함께 와서 같이 이야기를 했으면 좋으련만."

나는 구름이와 같은 말동무가 그리웠다.

"전하, 오라버니는 얼마 전 영월에서 광주로 옮겨 가 계신 공주님 내외를 만나 뵙는다고 길을 떠났습니다."

"아, 그랬구나, 그랬어."

나는 구름이가 친동기간처럼 살갑게 느껴질 뿐이었다.

"시내야, 오라버니가 오는 대로 또 나를 보러 오너라. 알았느냐?"

"네, 전하."

시내는 다소곳이 고개를 숙였다. 나는 시내와 함께 영양위 궁에서 실뜨기를 하고 투호 놀이를 하던 때가 그리웠다. 시내가 윷놀이에서 이기면 궁궐 구경을 시켜 달라고 했건만, 그 약속을 지키지도 못한 채 이렇게 임금의 자리에서 쫓겨나 외떨어진 수강궁에서 만나게 된 것이 가슴 아플 뿐이었다.

  나는 왕비와 시내와 함께 오랜만에 즐거운 저녁 시간을 보냈다. 시내가 오니까 마치 영양위 궁에서 지내던 날처럼 즐거웠다. 왕비도 시내를 친동생처럼 정답게 대해 주었다.

대관절 내가 무엇이기에

 세월은 흘러 흘러갔다. 그사이 금성 숙부는 삭녕에서 다시 광주로 옮겨지고 경혜 누이와 매형은 경기도 양근으로 옮겨 왔다는 소문을 들었다. 내가 임금 자리를 내줬건만 그들은 좀처럼 귀양을 풀어 주지 않았다.

 '언제나 돌아올까?'

 나는 자나 깨나 나와 가까운 사람들이 어서 돌아오기만을 기다렸다.

 그러는 사이 수양 숙부는 내 마음을 위로한다는 명목으로 매사냥을 나가자고 하였다. 나는 종친과 세자와 함께 멀리 아차산까지 나가 사냥을 구경하곤 하였다. 그럴 때마다 수양 숙부 말을 거절하지 못하는 내 자신이 싫었다. 수양 숙부가 두려웠다. 내 앞에서 번쩍번쩍 빛나는 큰 칼을 휘둘러 내시들을 죽이던 그날 밤 일이 자꾸만 떠올랐다. 온 방 안이 붉은 꽃으로 물든 그날 밤의 일이.

나는 아무렇지 않은 척 매사냥을 구경했지만 될 수만 있으면 수강궁에서 한 발자국도 나오지 않고 그저 조용히 있고 싶었다. 그러나 수양 숙부는 이런저런 모임에 나를 불러내었다.

수양 숙부가 임금이 된 지 2년째 되는 유월 어느 날이었다.

명나라에서 사신이 오자 수강궁에서 가까운 창덕궁 광연전에서 환영회를 연다고 하였다. 수양 숙부는 명나라 사신 앞에서 강제로 왕위를 빼앗은 게 아니라 내가 스스로 자리를 내준 것임을 보여 주고 싶었던 것일까? 수양 숙부는 창덕궁에서 명나라 사신을 위한 환영회를 베풀고 수양 숙부가 조선 제 7대 임금임을 확실하게 인정받고 싶어했다.

마침내 명나라 사신의 환영회가 열리는 날이었다.

명나라 사신과 문무백관들이 모두 모여 풍악을 울리고 잔치가 무르익어 갈 때였다. 나는 꼭두각시처럼 우두커니 앉아 연회를 바라보고 있었다.

그런데 무슨 일인지 아까부터 성삼문과 그의 아버지 성승, 박팽년, 유응부, 이개 등의 신하들이 침통한 얼굴로 서 있는 게 아닌가? 그들은 금방이라도 울음을 터뜨릴 것처럼 슬픈 얼굴이었다.

내가 임금 자리를 내놓던 날, 통곡을 하며 명을 거두어 달라고 애원하던 그들이었다. 그날, 내가 경회루에서 자리를 뜨자 박팽년은 경회루 연못에 빠져 죽으려 했다고 하였다. 그러나 성삼문이 눈물을 흘리며, 아직 어린 내가 상왕으로 있는데 어찌하여 목숨을 버리려 하느냐며, 아직 할 일이 남아 있으니 죽더라도 그 후에 죽어도 늦지 않을 거라면서 말렸다고 하였다.

나는 그들의 마음을 알 듯했다. 그들은 내가 상왕이 되어 이렇게 꼭두각시처럼 새 임금 옆에 있는 걸 보며 마음이 편하지 않았던 것이다.

'경들은 염려하지 마오. 나는 지금 그 어느 때보다 마음이 편하다오. 가시방석 같던 임금 자리를 내놓고 나니 이제야 몸과 마음이 날아갈 듯 홀가분해졌다오. 그러니 경들도 부디 딴마음 먹지 말고 수양 숙부를 도와 할아버지 때처럼 태평성대를 열어 주오. 그것만이 나의 바람이

라오.'

나는 진심으로 그렇게 빌었다.

그러나 참 이상한 일이었다. 잔치가 한창 무르익고 있는데 한명회가 잔뜩 굳은 얼굴로 수양 숙부 곁으로 다가와 뭐라 귓속말을 했다. 그러자 수양 숙부의 송충이 눈썹이 잔뜩 위로 치켜 올라가는 게 아닌가? 그러더니 미처 잔치가 끝나기도 전에 서둘러서 경복궁으로 돌아가 버렸다.

'무슨 일일까?'

나는 불안한 마음을 가눌 수가 없었다.

하지만 그날 밤이었다. 갑자기 송 내시가 다급한 목소리로 막 잠자리에 든 나를 깨웠다.

"전하, 전하!"

"무슨 일이더냐?"

나는 의아한 얼굴로 송 내시를 맞았다.

"전하, 큰일 났사옵나이다! 집현전 학사들이, 지, 집현전 학사들이……."

송 내시는 너무 놀란 나머지 떠듬떠듬 말을 더듬었다.

"어허, 무슨 일이기에 이리 호들갑을 떠느냐? 차근차근 이야기해 보아라."

"전하, 지, 집현전 학사들이 오늘 명나라 사신들을 위한 환영회장에서 여, 역모를 꾀하였다고 하옵니다!"

"뭣이, 역모? 역모라니, 그게 무슨 말이더냐?"

나는 내 귀를 의심하였다.

"전하! 오늘 명나라 사신의 환영회에서 임금을 보호하는 운검으로 도총관 성승과 훈련도감 유응부가 뽑혔다고 하옵니다. 그런데 그것은 미리 성삼문, 박팽년이 뒤에서 손을 써서 된 일이라고 하옵니다. 집현전 학사들은 그야말로 하늘이 도운 기회라고 여기고 명나라 사신의 환영회장에서 수양대군과 그의 아들인 세자를 없앤 후, 전하를 다시 임금으로 모시려 했답니다."

"무, 무엇이? 수양 숙부를 몰아내고 나를 다시 임금으로 세우려 했단 말이더냐!"

아, 저절로 탄식이 흘러나왔다. 운검이란 임금의 뒤에서 칼을 차고 임금을 보호하는 일을 말하는 것이다. 그렇다면 운검을 맡게 되었던 성삼문의 아버지 성승과 유응부가 나를 위해 수양 숙부를 해치려 했단 말인가.

"그래서 어찌 되었느냐?"

나는 다그쳐 물었다.

"어찌 된 까닭인지 한명회가 환영회장에 세자를 참석시키지 않았고, 장소가 비좁다는 이유로 운검마저 취소하는 바람에 그 뜻을 이루지 못했다고 하옵니다."

"그렇다면 차라리 천만다행이 아니더냐. 그 뜻을 도모했던 집현전 학사들만 입을 꾹 다물고 있으면 그 사실을 누가 안단 말이냐, 안 그러냐?"

나는 불안하여 어쩔 줄을 몰랐다.

"하오나 전하, 집현전 학사들과 함께 전하의 복위 운동에 가담했던 김질이 그만, 자신의 장인 정창손을 찾아가 그 사실을 낱낱이 일러바쳤다고 하옵니다. 혹시 훗날 이 사실이 발각되더라도 제 한목숨만은 건지겠다며 뜻을 같이했던 동료들을 다 고발한 것입니다. 그 바람에 지금 그 일에 가담했던 집현전 학사들이 모두 의금부에 끌려갔다고 하옵니다."

"뭣이, 그게 정말이더냐? 아아, 이 일을 어쩌면 좋단 말인가."

온몸이 사시나무 떨리듯 떨려 왔다. 그렇잖아도 집현전 학사들을 눈엣가시처럼 여기던 그들이 아니었던가. 무슨 일이 있을 때마다 집현전 학사들을 자기 편으로 끌어들이

려고 안간힘을 쓰던 수양 숙부도 이제는 더 이상 참을 수가 없을 터였다.

"아, 어쩌자고 그대들은 그런 무서운 일을 꾸몄단 말이오. 그대들이 있기에 나는 상왕이 되어 외떨어진 수강궁에 있어도 마음이 든든했거늘, 어쩌자고 그렇게 경솔한 일을 저질렀단 말이오. 대관절 내가 무엇이기에 그대들의 아까운 목숨을 헌신짝처럼 내던진단 말이오, 으흐흑 흑……."

눈물이 앞을 가렸다. 이제 다음에 벌어질 일은 안 봐도 뻔했다. 안평 숙부와 김종서, 황보인 같은 충신들을 죽인 계유정난 때처럼 그들은 이번에도 그냥 넘어가지 않을 것이다.

"아아!"

나는 땅을 치며 통곡하였다.

모든 일은 눈 깜짝할 사이에 일어났다. 수양 숙부와 그 일당들은 마치 이런 일이 일어나기를 기다리고 있었다는 듯 금부도사들을 보내어 충신들을 오랏줄로 꽁꽁 묶어서는 개 끌듯 끌고 갔다.

수양 숙부는 한때 함께 글공부를 했던 옛 친구들인 집현전 학사들을 직접 추궁했다.

"성삼문, 너는 무엇 때문에 나를 배반하였느냐?"

수양 숙부는 침통한 얼굴로 물었다. 그러자 형틀에 매여 있던 성삼문은 눈을 부릅뜨고 대답했다.

"우리는 오직 옛 임금을 다시 모시고자 했을 뿐이오. 그런데 나리는 어찌 그걸 반역이라 하시오. 하늘에 해가 둘이 없고 땅에는 두 임금이 있을 수 없다는 걸 정녕 모르시오?"

성삼문은 조금도 흐트러짐 없이 말했다.

"뭐, 나, 나리라고? 너는 내가 내린 녹을 먹고사는 신하로서 어찌 나를 나리라고 부르느냐?"

"나는 결코 나리의 녹을 먹지 않았소. 내 집을 뒤져 보면 알 것이오!"

"에잇, 고얀지고! 당장 저놈의 주리를 틀어라."

형리는 성삼문의 두 발목을 묶고 주릿대를 넣어 엇비슷이 비틀어 대었다. 하지만 성삼문은 어금니를 꽉 깨물고 신음 소리 한 번 내지 않았다. 수양 숙부가 지금이라도 마음을 바꾼다면 높은 벼슬을 내리겠노라고 했지만 성삼문은 다시 한 번 시로써 자신의 꼿꼿한 절개를 나타냈다.

> 이 몸이 죽어서 무엇이 될고 하니
> 봉래산 제일봉에 낙락장송 되어서
> 백설이 만건곤할 제 독야청청하리라.

'에잇, 지독한 놈!'
수양 숙부는 치를 떨었다. 그러곤 더욱 뜨겁게 달군 인두로 성삼문의 넓적다리며 입을 지지라고 외쳤다. 하지만 그토록 심한 고문을 당하면서도 성삼문은 앞에 서 있는 신숙주를 향해 호통을 쳤다.
"신숙주, 네 이놈! 네가 나하고 집현전에서 공부를 할 때에 세종대왕께서 어린 세손을 품에 안고, '내가 죽은 후에도 그대들은 이 아이를 잘 보호하라'고 이르시던 말씀을 너는 잊었단 말이더냐? 네가 이처럼 고약할 줄은 참으로 몰랐다."
성삼문은 타는 듯한 눈으로 신숙주를 노려보았다.
이렇게 온갖 고문을 당한 성삼문은 네 마리의 말이 끄는 수레에 묶여 온몸이 찢기는 형을 받고 죽고 말았다.

이처럼 잔혹하게 성삼문이 처형을 당한 뒤 그의 집을 뒤져 보니 수양 숙부가 준 녹봉이 고스란히 쌓여 있었다고 하였다.

성삼문뿐이 아니었다.

"너희가 모두 내 옛 친구들인데 어찌 이럴 수 있나? 그런 일이 없었다고 말하기만 한다면 너희들의 죄는 내가 면하여 주마."

수양 숙부가 간절히 달랬지만 이개, 박팽년, 유응부, 하위지 모두 그 말을 듣지 않았다. 그들은 모두 형틀에 묶인 채 인두로 지짐을 당하고 손과 발이 비틀리는 고문 속에서도 눈 하나 꿈쩍하지 않았다.

그러자 수양 숙부는 혹독한 고문으로 옥중에서 죽은 박팽년은 물론, 이미 집에서 자결을 한 유성원, 허조의 시신을 수레에 묶어 온몸을 찢어 죽이는 형을 내렸다.

도성에 온통 피비린내였다. 수양 숙부는 충신들의 머리를 저잣거리에 내다 걸고 오가는 사람들이 바라보게 하였다. 누구든지 수양 숙부에게 딴마음을 먹으면 그렇게 된다는 표시였다.

그들은 이번에도 충신을 죽이는 것만으로는 모자라 충

신들의 친족, 외족, 처족 3족을 멸한 뒤, 갓 태어난 어린 손자들까지 다 죽이고 부인과 딸, 며느리를 관비나 노비로 삼았다.

"아아, 차라리 나를 죽여라!"

나는 몸부림을 치며 통곡을 했다. 대관절 내가 무엇이기에, 나를 임금으로 앉히려다가 아까운 충신과 그 자손들이 또 100여 명이나 저세상으로 갔단 말인가. 나는 하늘을 향해 얼굴을 들 수가 없었다.

이렇듯 병자년에 일어난 무시무시한 옥사는 거기서 끝나지 않았다. 충신들을 처형한 수양 숙부는 또 할아버지의 후궁이며 나를 키워 준 혜빈과 그의 아들인 한남군, 영풍군 그리고 형제 중에서 제일 나이가 많은 화의군을 함양과 임실 등 더욱 먼 곳으로 유배를 보냈다. 그뿐이 아니었다. 금성대군과 영양위 정종은 또다시 순흥과 순천으로 보내지고 경혜 누이마저 관비가 되었다고 했다.

"아아, 내 탓이다. 모든 게 다 내 탓이구나!"

나 한 사람 때문에 너무나도 억울하게 사람들이 죽고 귀양 갔음이 애통하였다.

나는 억울하고 원통한 마음을 달래려 종묘를 찾았다.

선왕들의 위패가 모셔진 종묘에 가서 나의 억울함과 수양 숙부의 부당함을 아뢰고 위로받고 싶었다.

하지만 이게 웬일인가? 그들은 내 앞에서 돌아가신 어머니 현덕왕후의 위패를 빼내어 뜰에 내버리는 게 아닌가. 돌아가신 임금의 왕비였으며, 이젠 상왕이 된 내 어머니의 위패를 그렇게 내던지다니! 그들은 이제 나를 상왕으로도 여기지 않는 것이다.

"이놈들아, 그러고도 정녕 너희가 살아남길 바라느냐?"

나는 뜰에 떨어진 어머니의 위패를 껴안고 발버둥을 쳤다. 가슴이 분노로 활활 타올랐다. 그 분노는 내 온몸을 태우고 이 세상을 다 태울 것처럼 뜨거웠다. 더 이상은 참을 수 없었다. 어찌 이런 수모와 멸시를 당하고 살아야 한단 말인가.

"너희들은 반드시 천벌을 받을 것이다!"

나는 몸부림을 치며 울었다.

그때였다. 문득 한 줄기 빛살처럼 한 가지 생각이 스쳤다.

'이제 다음에는 내 차례구나, 내 차례야!'

이제 내 옆에 있는 사람들을 다 죽이고 멀리 유배를 보냈으니 남은 건 나 한 사람뿐이었다.

그랬다. 내 예감이 맞았다. 그들은 피비린내 나는 병자년 옥사가 끝난 다음, 하루가 다르게 나를 점점 옥죄어 왔다. 수양 숙부의 측근들은 내가 성삼문의 역모 사실을 미리 알고 뜻을 같이했다는 누명을 씌웠다. 역모에 가담했다는 죄명을 씌운 그들은 내가 상왕의 자리에 앉아 있는 게 부당하다고 날마다 그들의 임금인 수양 숙부에게 상소를 올렸다.

그러자 마침내 수양 숙부는 그들의 청을 받아들여 그해 6월 22일, 나를 노산군으로 강봉(작위나 직위를 낮춤)시켜 멀고 먼 강원도 첩첩산중 영월로 유배 보낸다는 교지를 내렸다.

"여러 신하들이 상왕도 종사에 죄를 지었으니 편안히 한양에 거주하는 게 마땅하지 않다고 여러 번 청하였으나 나는 진실로 허락을 하지 않고 상왕을 보호하고자 하였다. 그러나 인심이 흉흉하고 계속하여 난을 일으키려는 무리들이 있으니 내가 어찌 사사로운 감정으로 나라의 큰 법을 어기고 하늘의 명과 종사의 중함을 돌보지 않을 수 있겠는가? 이에 상왕을 노산군으로 강봉하고 궁에서 내보내 영월에 거주시키니 입을 것과 먹을 것을 후하게 하고 목숨을 보존하여서 나라의 민심을 안정시키도록 할 것이며……."

창덕궁 대조전 뜰에 앉아 교지를 듣는 동안 나의 얼굴에는 차가운 웃음이 번졌다.

'그래, 너희들 마음대로 해라! 하지만 나는 결코 죽지 않을 테다. 오래오래 살아남아 너희들의 마지막 모습을 끝까지 지켜볼 테다.'

나는 이제 아무리 밟히고 밟혀도 쓰러지지 않는 한 포기 들풀이 된 듯하였다.

흰옷 입은 백성들의 울음소리

'이렇게 떠나는구나…….'

나는 낡은 가마를 타고 창덕궁 돈화문 앞을 떠났다. 첨지중추부사 어득해가 앞장을 서고 군사 50명을 앞뒤로 갈라서게 한 뒤, 군자정 김자행과 내시부사 홍득경이 그 옆을 따랐다. 수많은 종친과 충신들을 죽이고 귀양 보낸 그들은 기다렸다는 듯 나를 노산군으로 강봉시켜서는 멀리 강원도 두메산골 영월로 보내는 것이었다.

"전하, 전하! 신첩도 데려가시옵소서, 전하!"

귀양 행렬이 돈화문 앞을 떠나자 왕비는 울며불며 내 뒤를 따라왔다. 하지만 나는 왕비와 함께 떠날 수가 없었다.

수양 숙부는 내가 왕비와 함께 가는 것조차 허락하지 않았다.

"부인, 어서 돌아가시오, 어서!"

나는 따라오지 말라는 손짓을 하였지만 왕비는 끝내 울며불며 내 뒤를 따라왔다. 이제 내가 귀양 길에 올랐으니 왕비도 수강궁을 나와 어디론가 가야만 했다. 가엾은 왕비. 지아비도 자식도 없이 홀로 살아갈 왕비를 생각하자 가슴이 미어졌다.

마침내 일행이 도성을 벗어나 맑은 냇물이 흐르는 청계천 영도교에 이르렀을 때였다.

"이제 더 이상은 안 되오!"

군졸들은 울며불며 따라온 왕비와 궁녀들을 더 이상 쫓아오지 못하도록 막았다.

"전하, 전하! 부디 만수무강하시옵소서!"

애처롭게 우는 왕비의 모습은 내 가슴을 찢어지게 했다. 이제 가면 언제 또다시 만날지 모르는 생이별이었다.

길에는 흰옷 입은 백성들이 엎드려 통곡을 하였다.

"아아, 불쌍한 임금님!"

"상감마마!"

군졸들이 창을 겨누며 쫓아도 백성들은 울음을 그치지 않았다.

'미안하오, 못난 임금을 용서하시오!'

나는 임금 노릇도 제대로 하지 못한 채 이렇듯 쫓겨 가는 게 부끄러울 따름이었다.

'할아버지, 저는 이제 떠납니다. 할아버지의 가르침대로 훌륭한 임금이 되고 싶었으나 그 뜻을 이루지 못하고 이렇게 정처 없이 떠나옵니다.'

나는 할아버지가 그리웠다. 아버지의 따스한 손길이 그리웠다. 하지만 이제 혼자였다. 내 곁에는 아무도 없었다. 할아버지도 아버지도 왕비도 충신들도 없이 정처 없이 흘러가는 외톨이 구름이 된 듯했다. 산굽이를 돌아돌아 떠다니는 슬픈 구름.

얼마큼 왔을까. 살곶이다리를 건너 한참을 가자 할아버지의 별장이었던 화양정에 닿았다. 수양 숙부는 내시 안로를 시켜 나를 전송하는 조촐한 주안상을 내왔다. 수양 숙부는 차마 조카인 나를 귀양 보낼 뜻이 없었으나 신하들의 등쌀에 할 수 없이 보낸다는 걸 알리고 싶었던 것일까? 귀양길에 숙부가 보낸 주안상을 받으니 마음이 착잡하였다.

"나리, 이게 웬일이시오? 나리는 아무 죄도 없으시건만 성삼문 때문에 애매히······."

안로는 슬금슬금 내 눈치를 살피며 물었다.

나는 도대체 무슨 말인지 몰라 그저 물끄러미 안로를 바라보았다. 그러자 안로는 은근히 또 물었다.

"소인에게야 무슨 말씀을 못 하시오. 성삼문이 나리께 그런 말씀을 아뢰었습니까?"

그때서야 나는 깨달았다. 수양 숙부가 안로를 시켜 내 입에서 성삼문의 역모를 미리 알고 있었다는 말을 확인하려 했다는 것을.

나는 목구멍으로 울컥 화가 치밀었다.

"에잇, 이런 능구렁이 같은 놈! 당장 내 눈앞에서 썩 사라지지 못하겠느냐?"

나는 술잔에 든 술을 안로의 얼굴에 쏟아 부었.

참으로 슬펐다. 수양 숙부는 날 궁궐에서 내쫓아 멀리멀리 귀양을 보내면서 또 무슨 꼬투리를 잡고 싶어서 내시를 시켜 은근히 날 떠본단 말인가. 내시에게 나리라고 불리는 수모를 당한 것보다 수양 숙부의 교활함에 더욱 치가 떨렸다.

'수양 숙부, 제발 이제 그만 나를 내버려 두시오. 난 이제 임금의 자리에는 욕심이 없는 사람이오. 그저 구름처럼 바람처럼 조용히 살고 싶을 뿐이오.'

나는 하늘을 향해 눈물을 머금었다.

화양정을 나서자 한여름 땡볕은 점점 뜨거워졌다.

마침내 일행은 아차산을 지나 광나루에 닿았다. 거기서 나룻배를 타고 멀리 여주 이포나루까지 간다는 것이다.

나는 나룻배에 앉아 점점 멀어지는 한양 땅과 대궐 쪽을 바라보았다. 지나온 날들이 하나하나 스쳐 지나갔다. 모든 것이 꿈결인 듯했다.

배는 내 마음을 아는지 모르는지 점점 남한강 쪽으로 흘러흘러 갔다. 나룻배가 여주 이포나루에 닿자 멀리 산등성이에 파사산성이 올려다보였다.

'아, 언제 또다시 돌아오려나……'

다시는 돌아오지 못할 길을 떠나는 듯 저절로 눈물이 났다.

여주에서부터 말을 타고 길을 떠났다.

한낮의 더위는 점점 더 심해지고 갈증이 났다. 한양을 떠나기 며칠 전부터 밥을 통 먹지 못했으나 배는 고프지 않았다. 그저 시원한 물 한 모금이라도 마시고 싶을 뿐이었다. 하지만 군졸들은 저희끼리만 미리 준비한 떡이며 물을 마시고 나는 거들떠보지도 않았다. 그들에게 나는 이제 임금도, 상왕도 아닌 죄를 짓고 귀양을 떠나는 나리일 뿐이었다.

귀양 행렬이 고을을 지날 때마다 어떻게 알았는지 백성들이 길에 나와 엎드려 통곡을 했다.

"불쌍한 상감마마!"

"아이고, 가엾은 상감마마!"

눈을 부라리며 창끝으로 막아 내는 군졸들의 발길에 이리저리 차이면서도 백성들은 눈물을 흘리며 나를 배알(지위가 높거나 존경하는 사람을 찾아가 뵘)했다.

이렇게 길을 떠난 귀양 행렬은 날이 저물자 한 주막에 들었다. 비록 꾀죄죄하게 때가 묻은 이부자리와 빈대가 기어다니는 낡은 방이었지만 고단한 몸을 쉬기엔 대궐이 부럽잖았다.

나는 조용히 자리에 누웠다. 군졸들도 더위에 지쳤는지 조용했고, 풀벌레 소리와 근처 논에서 개굴개굴 울어 대는 개구리 소리만이 들려왔다.

'개굴아, 너는 누구를 그토록 애타게 부르느냐?'

새삼 두고 온 왕비와 경혜 누이, 영양위……, 내 곁을 떠난 수많은 충신들의 얼굴이 하나하나 떠올랐다. 자리에 누웠지만 도무지 잠이 오지 않아 이리저리 몸을 뒤척일 뿐이었다. 그때 갑자기 방문 밖에서 인기척이 들렸다.

"누구시오?"

나는 흠칫 놀랐다. 혹시 수양 숙부가 보낸 자객이 귀양 행렬이 채 영월에 닿기도 전에 나를 해치러 온 게 아닌가 해서였다. 하지만 방으로 들어선 낯선 남자는 머리를 조아리며 울먹였다.

"상감마마, 소인의 무엄함을 용서해 주시옵소서. 소인은 양성에 사는 연안 차씨, 성복이라 하옵니다. 길을 가다가 상감마마의 행차를 뵙고 애통한 마음으로 뒤를 따랐사옵나이다. 그러다가 마마께옵서 통 음식을 드시지 못하셨다는 말을 듣고는 이렇게 백설기와 대구포를 마련하여 가지고 왔습니다. 내일 가시는 길에 행장 속에 넣어 두셨다가 잡수시옵소서."

차성복은 떡과 대구포를 싼 보자기를 조심스럽게 내놓았다.

나는 가슴이 뭉클했다. 백성들을 위해 아무것도 해 준 것 없는 허깨비 임금이었건만 이렇듯 나를 따뜻하게 대해 주다니. 나는 궁궐에서 먹던 12첩 진수성찬보다 차성복이 가져온 떡과 대구포가 더 귀하게 여겨졌다.

"머리를 들고 나를 보아라."

나는 차성복의 얼굴을 찬찬히 바라보았다. 무명베옷에 상투를 튼 촌부였지만 얼굴엔 따스함과 인자함이 가득 어려 있었다.

"그대가 나를 위하는 정성이 참으로 갸륵하도다. 하지만 나는 아마도 이 세상에 오래 살아 있지 못할 것이다. 또한 죽어도 마땅히 돌아갈 곳이 없으니, 만일 혼이 있다면 훗날 네 집에 가서 의탁할지 어찌 아느냐? 참으로 고맙구나."

"상감마마, 망극하옵나이다!"

차성복은 눈물을 주르르 흘리며 몸 둘 바를 몰라했다. 그러나 내 말은 진심이었다. 난 이제 죽어도 돌아갈 곳 없는 몸이 아닌가? 수양 숙부가 나를 할아버지, 아버지의 신위(죽은 사람의 사진이나 위패)가 모셔진 종묘로 데려갈 리도 없고, 그렇다고 자식도 없으니 죽어서라도 몸을 편히 누일

곳이 없었다. 차성복처럼 마음씨 고운 사람 집에 가서 내 혼이나마 편히 쉴 수만 있다면 더 바랄 것이 무어랴.

"어서 가거라. 군졸들 눈에 띄기라도 하면 큰 화를 입을 게다."

"상감마마, 부디 만수무강하시옵소서."

차성복은 눈물을 뚝뚝 흘리며 엎드려 큰절을 올렸다.

여주 어름을 지났다. 늦여름이건만 한낮의 햇빛은 쨍쨍 빛났다. 논에서는 푸른 벼 이삭 사이를 콩메뚜기들이 풀쩍풀쩍 날아다녔다.

처음에는 수양 숙부 눈이 무서워 나를 홀대하던 군졸들도 나의 처지가 딱해 보였던지 차츰차츰 마음을 열었다. 여주 삼거리 우물가에선 말에서 내려 시원한 우물물로 목을 축이게 해 주었다. 그뿐이 아니었다.

"전하, 이것 좀 드시옵소서."

어떤 군졸은 몰래 비에 젖은 산딸기를 따다가 주기도 하고 잠을 잘 때는 모깃불을 피워 편안히 잘 수 있도록 해 주었다.

"참으로 고맙구나!"

그럴 때마다 나는 몸 둘 바를 몰랐다.

이렇게 일행은 역(중앙에서 온 벼슬아치들에게 말과 숙소를 제공하는 곳)이나 원(역과 역 사이에 두어, 공무를 보는 벼슬아치가 묵던 숙소)이 있는 고을을 지났다. 날이 저물면 주막에서 잠을 잤다. 평평한 길에서는 말을 타고 가고, 길이 험한 산에서는 가마를 타고 귀양 길을 재촉하여 강원도 원주로 접어들었다. 거기서부터 산은 점점 더 깊어졌다. 굽이굽이 치악산 줄기가 보이고 가파른 산길을 올라가야만 했다. 가마꾼들은 숨을 헐떡거리며 고개를 넘고, 그 뒤를 빨강, 파랑 깃발을 든 호위 군사며 군졸들이 따랐다.

일행은 이렇듯 힘겹게 원주를 지나 문막을 거쳐 부론으로 들어섰다. 그러곤 자작이고개를 넘어 단강리에 다다랐을 무렵이었다.

나는 온몸이 물에 젖은 솜뭉치처럼 무거웠다. 이젠 터덜터덜 말을 탈 때나 가마에 앉아 흔들거릴 때마다 엉덩이뼈가 빠져나가는 것처럼 아팠다. 등으론 땀이 비 오듯 쏟아졌다.

그때 멀리 무성하게 자란 느티나무 한 그루가 보였다.

'아, 저곳에서 잠시 쉬었다 갔으면……'

나는 속으로 중얼거렸다.

그러자 내 속마음을 알았던 것일까? 나를 인솔하고 온 어득해가 군졸들에게 일렀다.

"여기서 잠시 쉬어 가도록 하렷다!"

나는 말에서 내려 느티나무 그늘에 앉았다. 매미가 맴맴 울어 대고, 바람이 살랑살랑 불어왔다.

고단한 몸을 잠시 쉬었다 가기엔 더없이 좋은 자리였다.

'참으로 고맙구나!'

나는 그늘을 내준 느티나무에게 마음 깊이 고마움을 전했다.

이렇게 일행은 힘든 길을 걷고 걸어 신림에 닿았다. 영월이 점점 가까워질수록 높고 험한 산자락들과 그 산자락을 비집고 굽이굽이 흘러가는 강물이 보이면서 길은 더욱 험해졌다.

신림 역에서 하룻밤을 묵은 후, 싸리재를 지나 가파른 솔치고개를 넘으려니 이젠 말도 사람도 다 지칠 대로 지쳐 헉헉거렸다.

문득 열일곱 살짜리 내 삶도 이 고개처럼 가파른 길을 걸어왔구나 생각하니 저절로 눈시울이 뜨거워졌다.

'왕비는 지금쯤 어찌 지내고 있을까, 경혜 누이는 어디에 있을까?'

사랑하는 사람들을 떠올리자 자꾸만 눈물이 앞을 가렸다.

마침내 지친 귀양 행렬은 주천 물미 마을로 접어들었다. 일행은 물미 샘터에서 시원한 샘물로 타는 목을 축였다. 샘물은 너무나 시원하고 달았다.

"아, 참으로 달다!"

어떤 꿀물이 이보다 더 달콤하랴. 나는 샘물 한 바가지를 다 마신 뒤 자리에서 일어났다.

얼마쯤 지났을까? 작은 마을을 지나는데 귀양 행렬을 본 백성들이 몰려나와 엎드려 통곡했다.

"아이고, 상감마마!"

"상감마마!"

깊고 깊은 산골, 짙푸른 소나무와 잣나무들이 죽죽 뻗어 있는 두메산골에서 그저 등뼈가 휘도록 험한 산을 일구어 농사를 짓고 사는 백성들이었다. 그런 첩첩산중에 사는 백성들이 내가 귀양지로 쫓겨 가는 불쌍한 임금이라는 것을 어떻게 알았을까? 그들은 나의 초라한 행색을 보며 통곡했다.

아아, 그들의 울음소리는 깊은 산으로 울려 퍼지고 내 가슴을 뜨겁게 울렸다.

'부끄럽구나, 참으로 부끄럽구나!'

나는 그들에게 부끄러운 임금이었다. 그들의 배고픔과 헐벗음을 제대로 가려 주지도 못한 채 힘없이 쫓겨 가는 임금, 보잘것없는 임금이었다. 그런 나를 위해 저토록 슬피 목 놓아 울어 주다니, 그저 목이 메었다.

백성들의 울음소리는 귀양 행렬이 산굽이를 돌아갈 때까지도 그치지 않았다.

그들의 울음소리를 뒤로 한 채 계속 산길을 걸었다. 해가 뉘엿뉘엿 서산으로 질 무렵에야 배일치고개가 나타났다. 이제 이곳만 지나면 귀양지 영월 청령포가 가깝다고 하였다.

'아, 언제 또다시 이 고개를 넘어 한양으로 갈 수 있으려나.'

다시는 이 험한 고개를 넘어 한양에 갈 수 없을 것만 같은 불안감이 나를 휘감았다.

'할아버지, 아버지! 이제 홍위는 멀고 먼 강원도 영월까지 왔습니다. 두 분의 뜻을 이어받아 훌륭한 임금이 되려 했으나 이렇게 쫓겨 가는 신세가 되고 말았습니다. 부디 평안하소서.'

나는 할아버지와 아버지가 계신 종묘를 향해서 한동안 엎드려 절을 하였다.

그렇게 서러운 마음을 안고 배일치고개를 내려와 한참을 가자, 이번에는 또 소나무가 빼곡히 우거진 비탈 고개가 나타났다. 영월로 가는 마지막 고개라고 하였다.

기진맥진한 일행이 구불구불 고개를 향해 올라섰을 때였다. 갑자기 마른하늘에서 좍좍 소나기가 쏟아지는 게 아닌가?

'아, 하늘도 내 처지를 슬퍼하는 것일까?'

빗줄기는 점점 굵어지고 내 얼굴과 옷을 적셨다.

한차례 소나기를 맞은 귀양 행렬은 멀리 강물이 휘돌아 가는 방절리 선돌을 지나 영월 청령포로 접어들었다.

6월 22일에 한양을 떠나 살곶이다리를 건너 화양정을 지나, 광나루에서 배를 타고 여주 이포나루를 거쳐 원주, 부론, 신림, 주천을 지나 마침내 6월 28일 이레만에 영월 청령포까지 온 것이었다.

'아, 저기가 내가 살 곳이란 말인가.'

나는 강 건너 나루터에 서서 한참 동안 청령포를 바라보았다.

맑고 푸른 강물이 삼면으로 휘돌아 흘러가고, 한 면은 깎아지른 듯한 여섯 개의 봉우리로 이어진 외딴섬처럼 보이는 청령포였다.

'도대체 수양 숙부는 왜 나를 이처럼 먼 곳으로 보낸 것일까?'

나는 영월 청령포까지 험한 길을 오는 동안 내내 그게 궁금했다. 도성에서 가까운 강화도나 수원, 광주, 멀리 전라도나 경상도도 있으련만 하필이면 이 첩첩산중으로 나를 보낸 것일까.

하지만 이젠 알 듯하였다. 수양 숙부는 백성들이 두려웠던 것이다. 행여 성난 백성들이 도성이나 근처 관아로 쳐들어가 조카의 자리를 빼앗고 임금의 자리에 오른 수양 숙부에게 달려들까 겁이 났음에 틀림없다.

그래서 나를 도성에서 멀리 떨어진 두메산골 영월, 인구라고 해야 고작 700여 명의 촌부들이 모여 사는 강원도 영월로, 그것도 오도 가도 못하게 강으로 둘러싸인 외딴섬 같은 청령포로 보낸 것이다.

나는 천천히 강을 건넜다.

푸른 강물은 소리 없이 흘러가고

이제 한양에서 나를 호송하고 온 군졸들도 다 돌아갔다. 나는 그곳에서 궁녀 여섯과 시종 두 명과 함께 귀양살이를 시작하였다. 처음 귀양 길에 오를 때는 궁녀도 시종도 없었으나, 얼마 후 수강궁에 있을 때 나를 모시던 시종과 궁녀들 중에서 넷은 왕비를 따르고, 여섯은 나를 따라 멀고 먼 청령포까지 왔다.

청령포 안에는 언제 누가 살던 집인지 소나무 벽에다 지붕을 이어 놓은 낡은 투막집 한 채와 시종들이 머물 초가 한 칸이 있었다.

방은 오랫동안 비어 있었던 듯 퀴퀴한 곰팡이 냄새가 났다. 발이 여러 개 달린 노래기도 방바닥을 스멀스멀 기어 다녔다.

늦여름이건만 그곳에는 벌써 아침저녁이면 찬바람이 옷깃을 파고들었다.

밤이 되면 멀리서 부엉이며 소쩍새가 울고 어디선가 산짐승 소리도 들려왔다. 그럴 때면 온몸에 오스스 소름이 돋았다. 금방이라도 산짐승이나 귀신이 나올 듯한 칠흑 같은 어두운 밤이 무서워서가 아니었다. 외로움이 나를 떨게 한 것이었다.

'이 세상에 나 혼자구나!'

나는 따뜻한 식구들이 그리웠다. 귀양을 오면서 보았던 촌부들처럼 오막살이 집에서라도 식구들과 오순도순 살고 싶었다. 하지만 나는 견딜 것이다. 이 외로움을 견디고 왕비와 누이를 만날 그날을 기다리고 기다릴 것이다.

하루하루 시간이 흘러갔다. 집 안에만 갇혀 있던 나는 차츰 청령포에 대한 두려움에서 벗어났다. 영월 관아에서 하루에 한 번씩 군졸들이 나와 지키기는 했지만, 아무도 찾아오는 사람이 없자 조금씩 경계를 늦추는 기색이었다.

나는 아침이면 우거진 소나무 숲을 지나 가파른 산으로

올라갔다. 거기 깎아지른 듯한 절벽 끝에 서면 멀리 강 건너 각한치고개 너머에 있는 한양 땅이 보이는 듯했기 때문이었다.

'아, 가엾은 내 신세! 나는 언제 한양으로 돌아가려나.'

나는 하염없이 바위 위에 서서 한양을 그리워했다. 그러곤 생이별을 하고 온 왕비를 그리며 돌멩이를 주워 돌탑을 쌓았다.

'부인, 지금은 무얼 하시오?'

높아 가는 돌탑의 높이만큼 왕비를 그리워하는 내 마음도 점점 깊어만 갔다. 나의 슬픔과 분노, 고통을 따스하게 위로해 주고 내 옆에서 친구가 되어 주었던 왕비가 날이 갈수록 그리웠다.

하지만 때때로 수양 숙부의 얼굴이 떠오를 때면 가슴속에서 뜨거운 분노와 슬픔이 치올라 참을 수가 없었다. 그럴 때마다 집 앞 소나무 가지에 걸터앉아 하염없이 눈물을 흘렸다. 그러면 소나무도 마치 내 마음을 안다는 듯 부르르 가지를 떨었다.

이런 안타까운 나의 슬픔을 충신들도 알았던 것일까? 수많은 신하들이 수양 숙부가 임금의 자리에 오르자 벼슬을

내던지고 시골로 내려갔다.

하루는 절벽 바위에 서서 다른 때처럼 멀리 한양 쪽을 바라보며 시름에 잠겨 있었다. 그때 시종 하나가 갑자기 강물을 내려다보며 외쳤다.

"전하, 저기 이상한 게 떠내려옵니다."

자세히 보니 크고 둥근 박 하나가 둥실둥실 떠내려오는 게 아닌가? 떠내려오던 박은 바로 절벽 아래의 여울목에 잠시 머물러 있었다.

"참으로 이상한 일이구나. 어서 내려가 보거라!"

시종은 조심조심 강기슭으로 내려가서는 박을 들고 왔다.

"전하, 이것 보시옵소서. 여기 음식과 옷이 들어 있사옵니다."

"무엇이?"

이상히 여긴 나는 조심조심 박통 속을 들여다보았다. 그 안에는 나뭇잎에 곱게 쓴 편지도 들어 있었다.

"아아, 원호. 그대였구려!"

편지를 읽어 내려가던 내 뺨을 타고 뜨거운 눈물이 주르르 흘러내렸다.

원호는 할아버지 때 과거에 급제하여 아버지 때에는 벼

슬이 종삼품인 집현전 직제학까지 오른 신하였다. 원호는 내가 수양 숙부에게 임금 자리를 빼앗기고 영월로 유배를 오자 벼슬을 내놓았다. 비록 집현전 학사들처럼 죽음으로써 충절을 지키지는 않았으나 수양 숙부의 즉위를 끝까지 반대하고 나를 위해 충절을 지킨 김시습, 조려, 남효원, 이맹전, 성담수처럼 지극한 충신 중 한 사람이었던 것이다. 벼슬을 내놓은 원호는 곧 청령포 상류 마을로 내려왔다고 하였다. 그러곤 평창강 절벽 위에 관란정이라는 정자를 짓고는 청령포를 바라보며 눈물로 세월을 보낸다고 하였다.

'그대 같은 충신이 내 곁에 있으니 나는 참으로 행복한 사람이오.'

나는 나뭇잎 편지를 끌어안고 울었다.

그 후에도 원호는 손수 가꾼 채소를 빈 박에 담아 물에 띄워 보내고, 나뭇잎에 편지를 써서 문안과 소식을 전하곤 하였다.

그뿐이 아니었다. 내가 임금이 되던 해에 진사과에 합격하여 성균관 유생으로 벼슬길에 올랐던 조려도 고향인 경상남도 함안 백이산으로 들어가 은둔 생활을 하였다. 그러면서 오백 리 길을 걷고 걸어 한 달에 세 번씩이나 나를 찾아왔다.

하루는 조려가 밤낮을 가리지 않고 청령포로 달려왔는데 배가 없었다고 하였다. 그래서 의관을 벗어 등에 지고 물을 건너려 할 때 누가 옷을 당겨 뒤를 돌아보니 큰 호랑이가 서 있었다고 하였다.

"내가 천 리 먼 길을 달려왔는데 이 강을 건널 수가 없구나. 내가 이 강을 무사히 건너면 임금님을 만날 것이나, 만약에 건너지 못하면 푸른 물에 빠져 귀신이 될 것인데 너는 어찌 나를 잡아당기느냐?"

조려가 슬픈 얼굴로 묻자 호랑이는 머리를 숙인 채 가만히 엎드렸다고 하였다. 그 덕분에 조려는 호랑이 등을 타고 무사히 강을 건너왔노라고 하였다. 조려는 또 청령포에 올 때 원호의 관란정을 찾아가 나의 만수무강을 함께 빌었다고 하였다.

그들의 진심 어린 충절은 나를 살아가게 하는 희망이었다. 나는 하루에도 몇 번씩 깎아지른 듯한 층층 절벽에 몸을 던져 죽고 싶었다. 하지만 조선 팔도 구석구석에서 나의 만수무강을 빌고 있는 충신들과 사랑하는 사람들이 있는 한 죽을 수가 없었다. 그들의 보이지 않는 정성으로 하루하루를 살아가고 있었으니까.

그러던 어느 날, 방 안에만 있기가 답답하여 천천히 강으로 나갔다. 크고 작은 돌멩이들이 마루처럼 깔려 있는 강가에는 잠자리 떼가 빙빙 날아다녔다. 하얀 망초며 연분홍 메꽃도 군데군데 피어 있었다. 불현듯 꽃을 좋아하던 왕비가 떠올랐다. 나도 모르게 메꽃 한 송이를 꺾었다.

'부인, 제발 몸 성히 잘 있으시오. 훗날 우리가 다시 만나 남들처럼 오순도순 살 때까지, 제발!'

나는 메꽃을 천천히 강물에 띄웠다. 그 꽃이 강물을 따라 흘러흘러 왕비가 있는 한양까지 무사히 가 닿기를 간절히 빌면서. 메꽃은 내 마음을 아는지 모르는지 물속에 잠길 듯 잠길 듯하면서도 멀리멀리 흘러갔다.

나는 꽃이 보이지 않을 때까지 바라보았다.

그때였다. 저 아래 강가에서 아이들 소리가 들려왔다. 아이들 목소리를 듣자 괜스레 가슴이 두근거렸다. 아마도 건넛마을 아이들이 군졸의 눈을 피해 강을 건너 놀러 온 모양이었다.

나는 설레는 마음으로 천천히 아이들 목소리가 들리는

곳으로 다가갔다. 저만치 강기슭에 열 살 안팎의 고만고만한 사내아이 둘이 보였다. 아이들은 자갈밭에서 주운 얇고 둥근 돌멩이를 물 위에 비스듬히 던져서 탐방탐방 물수제비를 뜨고 있었다. 돌멩이가 물 위를 미끄러지듯 스칠 때마다 봉긋봉긋 물꽃이 일었다.

나는 자갈밭에 쭈그리고 앉아 아이들이 노는 양을 마냥 바라보았다. 물수제비를 뜨던 아이들은 강물로 풍덩풍덩 뛰어들더니 헤엄을 쳤다. 강가에 살아서인지 헤엄치는 솜씨가 대단하였다.

'참 시원하겠구나!'

단 한 번도 그 아이들처럼 벌거벗고 물놀이를 해 본 적이 없던 나는 마냥 부럽기만 하였다. 그때였다.

"앗, 순돌아! 임금님이야. 임금님이 틀림없어."

한 아이가 갑자기 나를 보곤 큰 소리로 외쳤다. 한창 노는 데 정신이 팔려 있다가 그제야 나를 본 모양이었다.

"뭐어?"

그러자 한 아이도 놀라서 풍덩풍덩 강물을 헤치며 나왔다. 그러곤 자갈밭에 벗어 놓은 홑바지저고리를 주섬주섬 주워 입고는 조심조심 내 곁으로 다가왔다. 여름 내내 강에서 살아서인지 아이들의 얼굴은 감장강아지처럼 까맣게 그을려 있었다.

"임금님이지요, 그렇지요? 저희들은 건넛마을에 사는 얼이와 순돌이예요."

아이들은 어디서 배웠는지 머리를 조아리며 공손히 절을 하였다.

"하하하, 그러냐? 한데 얘들아, 나를 보고 임금이라고 하면 안 되느니라. 나는 이제 임금이 아니고 그저 귀양 온 선비일 뿐이니라."

나는 진심으로 일러 주었다. 그러자 그 중에서 덩치가 좀 더 커 보이는 얼이가 손사래를 치며 외쳤다.

"아니에요. 아버지 어머니가 하시는 말씀을 들었는데 지금 한양에 계신 분은 가짜 임금이고요, 여기 청령포에 계신 분이 진짜 임금님이랬어요. 한양 임금은 임금의 자리를 도적질한 분이랬어요. 그러니 누가 뭐래도 여기 계신 분이 진짜 임금님이지요! 그렇지, 순돌아?"

"그럼, 그럼!"

순돌이도 고개를 끄떡였다.

"아니, 얘, 얘들아……."

나는 말문이 턱 막혔다. 두메산골에 사는 아이조차 세상 돌아가는 이치를 이렇게 잘 알고 있거늘 어찌하여 수양 숙부는 손으로 해를 가리려 한단 말인가.

"얘들아, 어찌 그런 무엄한 말을 하느냐. 그러다가 큰일 난다. 다시는 그런 말 하지 말아라. 너희들은 나를 그저 나리라고 부르면 되느니라."

나는 행여 또 나 때문에 그 아이들과 부모들이 해를 당할까 염려되어 단단히 일렀다. 하지만 아이들은 내 말에는 코대답도 않고 여전히 임금님, 임금님 하고 불렀다.

"임금님, 잠깐만 기다리세요. 맛있는 거 드릴게요."
얼이는 보자기에서 삶은 옥수수를 꺼냈다.
"임금님, 강원도 옥수수 아주 맛있어요. 찰옥수수예요!"
얼이는 내 앞에서 옥수수를 한 입 베어 무는 시늉을 했다. 내게 먹는 법을 가르쳐 주려는 것이다. 나는 아이들이 시킨 대로 옥수수를 베어 물었다. 부드럽고 달착지근한 게 아주 맛있었다.

문득 원주, 신림, 주천을 지나오는 동안 보았던 키가 장대처럼 큰 옥수수밭이 떠올랐다. 먹을 게 없는 두메산골 백성들의 배고픔을 달래 주는 귀한 곡식이 바로 이 옥수수가 아닌가.

"임금님, 맛나지요?"

"그래, 참 맛있구나."

나는 아이들과 자갈밭에 둘러앉아 정다운 형제들처럼 옥수수를 베어 먹었다.

바로 그때였다.

"네 이 녀석들, 어서 썩 건너오지 못해!"

건너편 나루터에 있던 군졸들이 아이들을 보곤 소리를 질렀다. 관아에서 내가 있는 청령포에 백성들이 드나드는 걸 금하고 있었던 터였다. 아이들은 서둘러 옷을 훌훌 벗어서는 벌거숭이가 되어 강을 건너갔다. 옷을 벗어 머리에 이고는 헤엄을 쳐서 건너는 것이었다.

"임금님, 다음에 또 놀러 올게요. 꼭 올게요!"

아이들은 손나발을 만들어 외쳤다.

"오냐, 오냐아!"

나도 손나발을 만들어 외쳤다. 갑자기 그 아이들과 동무가 된 것처럼 가슴이 쿵쿵 뛰었다.

어디서 날아왔을까? 아침부터 소나무 숲에서 까치가 깍 깍 울어 댔다.
'좋은 소식이 오려나?'
나는 아침부터 설레는 마음으로 절벽에 올라 멀리 한양 쪽을 하염없이 바라보았다. 하지만 내 바람과는 달리 아무도 찾아오는 사람 없이 밤이 깊어 갔다.
청령포의 밤은 칠흑처럼 어두웠다. 호롱불을 밝히고 앉아 책을 읽고 있는데 갑자기 밖에서 인기척이 들렸다. 곁방에서 얕은 잠이 들어 있던 시종이 그 소리에 놀라 밖으로 나갔다. 그때였다.
"전하, 전하!"
세상에, 이 목소리는 틀림없이 구름이였다. 영양위 궁에서 동무처럼 놀던 구름이 말이다.
"아니, 자넨?"
나는 버선발로 뛰쳐나가 구름이를 맞이했다. 구름이 옆에는 족진 머리를 한 시내도 서 있는 게 아닌가? 그러고 보니 구름이도 상투 머리를 하고 있었다.

"전하! 전하가 영월로 귀양 가셨다는 소식을 듣고 이렇게 부랴부랴 뒤따라왔습니다. 사람들이 이상하게 여길까 봐 부부인 양 꾸미느라 누이동생과 이렇게 하고 왔습니다."

구름이와 시내는 내 발밑에 푹 쓰러져 눈물을 흘렸다.

"이 먼 길을, 자네들이 어찌……. 어서, 어서 들어오게나."

나는 반가움에 온몸이 떨렸다.

새색시처럼 비녀를 꽂은 시내는 수줍은 듯 수건으로 머리를 가렸다.

"그런데 이 밤에 강물을 어찌 건너왔느냐?"

나는 문득 그게 궁금하였다.

"전하, 초저녁에 나루터에 갔더니 관아에서 나온 군졸들이 지키고 있었습니다. 그래 낙심하여 하염없이 강가에 앉아 있었지요. 그때 웬 사내아이 둘이 슬며시 다가와 묻지 않겠어요? 혹시 임금님을 만나러 가느냐고요. 시골 아이의 입에서 '임금님'이란 소리를 듣고 어찌나 펄쩍 놀랐는지요."

구름이는 입가에 웃음을 지으며 말했다.

"너희들이 그걸 어떻게 아느냐고 했더니, 척 보면 안다나요. 그러더니만 한 아이가 저희를 자기 집으로 데리고 갔답니다. 그러자 아이의 아버지 어머니도 저희를 아주 따뜻하게 맞아 주었습니다. 누추한 시골집이었지만 감자와 옥수수를 섞은 보리밥에다 된장찌개를 끓여서는 정성껏 밥상도 차려 주었답니다. 그러곤 밤이 되기를 기다렸다가 조그만 나룻배로 저희를 이곳까지 태워다 주었습니다. 참으로 고마운 사람들이옵니다."

구름이가 자세한 설명을 해 주자 그제서야 나는 빙그레 웃었다.

"혹시, 그 아이 이름이 얼이가 아니더냐?"

"네, 맞사옵니다! 하온데 전하께옵서 어찌 그 아이의 이름을……?"

구름이와 시내의 눈이 휘둥그레졌다.

"하하하, 내 벌써 동네 꼬마들과 벗이 되지 않았더냐!"

나는 모처럼 큰 소리로 웃었다. 얼이의 귀여운 모습이 떠올랐기 때문이었다. 그리고 나를 위해 구름이 남매를 따뜻하게 대해 준 그 부모가 한없이 고마웠다. 혹시라도 관아에서 알면 끌려가 곤장을 맞을지도 모를 판에 목숨을 걸고 도와준 것이었다.

"그래, 어서 한양 소식을 전해 다오."

나는 구름이와 시내가 가져왔을 왕비의 소식이 궁금했다. 하지만 구름이와 시내가 들려준 이야기는 금세 나의 웃음을 거두어 가고 말았다.

"전하, 왕비 마마께옵서는 수양대군이 도성 안에 집을 마련해 드린다고 하는 걸 마다하고 동대문 밖 작은 암자인 정업원에 살고 계시옵니다. 그러곤 날마다 근처 동망봉에 올라 전하가 계신 영월 쪽을 바라보며 눈물짓곤 하신답니다."

시내는 왕비의 소식을 전하며 눈물을 흘렸다. 나는 화려한 대례복을 입고 혼례를 올리던 날의 어여쁜 왕비 모습을 떠올렸다. 그런 왕비가 궁궐에서 내쫓긴 채 비구니들이 모여 산다는 정업원에 산단 말인가? 새삼 수양 숙부에 대한 분노가 치밀었다.

"하오나 전하, 전하와 왕비 마마를 생각하는 백성들의 마음은 참으로 눈물겹기만 하옵니다. 왕비 마마가 시녀들과 명주 옷감에 자줏물을 들이며 어렵게 사신다는 걸 안 동네 아낙들이 정업원 아래에다 여인들만 드나들 수 있는 여인 시장을 열었다고 하옵니다. 그러곤 일부러 남자들이 드나들지 못하게 하고는 관원의 눈을 피해 몰래몰래 반찬거리며 음식을 날라다 드리고 있답니다."

"참으로 고마운 일이로구나."

나는 힘없는 아낙들의 넉넉한 인심에 저절로 고개가 숙여졌다.

"그런데 경혜 누이와 영양위의 소식은 들었느냐?"

나는 그동안 궁금했던 걸 조심스레 물었다.

"전하…… 흑흑……."

구름이가 대답 대신 목이 메어 울음을 터뜨렸다.

"무슨 일이 있었느냐? 어서, 어서 말해 보거라."

"흑흑, 전하…… 순천부의 관비가 된 경, 경혜공주님이 아드님을 낳으셨다고 하옵니다."

"뭐라고, 누님이 아들을 낳았단 말이냐. 그렇다면 그 아기는 어, 어찌 되었느냐?"

"흐흑…… 전하…… 그 사실을 안 수양대군 댁 안방마님께서 아이를 몰래 데려가서는, 수양대군께는 딸이라고 속여 몸소 키우고 계신다 하옵니다, 흐흑……."

"대체 그게 무슨 말이냐. 그렇다면 경혜 누이는 임신한 몸으로 관비가 되었더란 말이냐? 아, 아버지의 귀여움을 독차지하던 이 나라의 공주가 관비가 되어 자기가 낳은 아이조차 키우지 못하다니!"

나도 모르게 신음 소리가 흘러나왔다.

"모두 나 때문이다. 모두가 다 내 탓이야! 누이, 미안하오, 참으로 미안하오."

나는 목을 놓아 울었다. 옷감에 자줏물을 들이며 근근이 살아간다는 왕비의 소식도, 관비의 몸으로 아기를 낳았다는 경혜 누이의 소식도 모두가 내 마음을 슬프게 했다.

"전하, 전하!"

구름이와 시내도 어깨를 들썩이며 흐느꼈다.

그날 밤은 모두 다 뜬눈으로 보냈다.

샛별이 돋을 무렵 구름이와 시내는 다시 얼이의 아비가 저어 온 나룻배를 타고 몰래 청령포를 떠나야만 했다. 이제 가면 또 언제 만날지 기약할 수 없는 이별이었다. 내가 이렇게 임금의 자리에서 쫓겨나지만 않았던들, 구름이는 장차 황희 정승 같은 이 나라의 훌륭한 벼슬아치가 되어 나와 함께 나랏일을 했을지도 모를 일이었다. 시내 또한 어엿한 양반집에 시집을 가서 남부럽지 않게 살았을 거라

생각하니 더욱 애처로웠다.

"구름아, 시내야, 부디 잘 가거라. 내 죽어서도 너희와 맺은 인연을 결코 잊지 못할 것이다."

눈물이 저절로 뚝뚝 떨어졌다.

"전하, 무슨 말씀을 그리하십니까? 저희는 언제까지고 전하 곁에 머물 것이옵니다. 다시 한양 소식을 가지고 또 올 것이니 그때까지 만수무강하시옵소서."

시내는 옷소매가 흠뻑 젖도록 울었다.

"고맙다, 네가 종종 왕비를 찾아가 잘 위로해 드리거라."

나는 누이동생 같은 시내의 손을 꼭 잡았다.

마침내 구름이와 시내를 태운 나룻배가 강물 위로 사르르 미끄러져 갔다. 나는 그들이 무사히 강을 건너갈 때까지 물안개 피어오르는 강가에 한참을 서 있었다.

하늘은 귀머거리인가

아침부터 하늘이 컴컴했다. 비구름이 소나무 숲에 낮게 걸려 있고, 한낮이건만 밤중처럼 어두웠다. 금방이라도 소나기가 쏟아질 듯한 기세였다. 아니나 다를까 우르릉 쾅쾅 우렛소리와 함께 번쩍번쩍 번개가 내리쳤다. 곧이어 또 한 번 천지를 울릴 듯한 우렛소리가 들리더니 장대비가 쏟아지기 시작하였다.

마치 물 항아리를 쏟아 붓는 것처럼 비가 퍼부었다.

좁은 마당으로 세찬 물줄기가 흘러내려 왔다. 집 뒤꼍의 산자락에서도 흙탕물이 폭포처럼 쏟아져 내렸다. 거센 비바람에 방문은 덜컹덜컹 흔들렸고 천장에선 빗물이 줄 줄 샜다.

"전하, 아무래도 큰물이 나려나 봅니다. 어떻게 해야 하올지……."

궁녀 하나가 좍좍 쏟아지는 비를 바라보며 걱정스레 말했다.

"설마한들 집이 물에 잠기기야 하겠느냐? 좀 더 기다려 보자."

나는 궁녀, 시종들과 함께 뜬눈으로 밤을 새웠다. 하지만 비는 그다음 날에도 그칠 줄을 몰랐다. 불어날 대로 불어난 물은 마당으로 넘실넘실 흘러들어 왔다.

그때였다. 갑자기 우르릉 쾅 하고 뒷담 무너지는 소리가 들리더니 거센 흙탕물이 집 안으로 쏟아져 들어왔다. 간신히 버티고 있던 집마저 물에 휩쓸릴 지경이었다. 멀리 보이던 푸른 강물도 어느 틈에 흙탕물이 되어 금방이라도 집을 덮칠 것만 같았다.

"저, 전하, 아무래도 집이 물에 잠길 듯하옵니다. 어서, 어서 피하셔야 하옵니다."

궁녀와 시종들은 갈팡질팡 어쩔 줄 몰랐다.

"그래, 산으로 몸을 피하자꾸나!"

나는 궁녀와 시종들을 따라 집 밖으로 나왔다. 하지만 강물이 점점 불어나 어디가 어딘지 알 수가 없었다. 물은 이미 정강이를 넘어 허리춤까지 차올라 왔다. 금방이라도 물살에 휩쓸려 떠내려가 버릴 듯한 기세였다.

"가자, 어서 저리로 올라가자!"

나는 궁녀와 시종들과 함께 절벽으로 올라갔다. 날마다 한양을 바라보던 곳, 왕비를 그리며 돌탑을 쌓던 곳, 그곳은 청령포에서도 제일 높은 곳이니 아무리 강물이 넘친다 해도 거기까지 잠기진 않을 듯하였다. 하지만 가파른 산길은 미끄럽기만 했다. 나는 무성하게 자란 칡넝쿨을 붙잡고 간신히 산으로 올라갔다. 절벽 아래로 무섭게 소용돌이치는 흙탕물이 보였다.

나와 궁녀와 시종들은 바위 밑에서 간신히 비를 피했다.

며칠째 내리던 장대비가 그쳤지만 물에 잠겼던 집은 엉망진창이었다. 그러자 관아에서는 나와 일행을 청령포에서 영월 관아의 객사인 관풍헌으로 옮겼다. 관풍헌은 화강석 대리석 위에 정면 세 칸 측면 두 칸으로 된 반듯한 건물이었다.

나는 한참 동안 관풍헌의 겹처마 지붕을 우러러보았다.

청령포 낡은 투막집보다는 열 배 스무 배나 나은 집이지만 차라리 청령포가 좋았다. 절벽에 올라 흐르는 강물을 바라보며 한양 생각을 하고, 왕비를 그리며 돌탑을 쌓을 수 있는 곳, 소나무 가지에 앉아 슬피 울던 곳, 때로는 강가 자갈밭에 앉아 조잘조잘 흘러가는 강물 소리를 하염없이 듣던 그곳이.

'부인, 내가 청령포를 떠나 이곳으로 온 걸 알고 있소?'

나는 날씨가 맑은 밤이면 관풍헌 옆의 누각, 매죽루(훗날 자규루로 바뀜)에 올라 왕비를 그리워했다. 때로는 영월에서 제일 높은 산인 봉래산 위에 둥긋이 떠오른 달을 보며 귀양살이의 외로움에 눈물짓기도 하였다.

어디선가 내 애달픈 마음을 다 안다는 듯 두견새 울음소리가 들려왔다.

> 한 마리 원한 맺힌 새가 궁중에서 나온 뒤로
> 외로운 몸, 짝 없는 그림자가 푸른 산속을 헤맨다
> 밤이 가고 밤이 와도 잠을 못 이루고
> 해가 가고 해가 와도 한은 끝이 없구나
> 두견새 소리 끊어진 새벽 멧부리엔 달빛만 희고

피를 뿌린 듯한 봄 골짜기에 지는 꽃이 붉구나
하늘은 귀머거리인가?
애달픈 이 하소연 어이 듣지 못하는지
어쩌다 수심 많은 이 사람의 귀만 홀로 밝은고.

나는 두견새의 울음소리를 들으며 시를 읊었다. 그러자 마음은 더욱더 외롭기만 하였다. 어느 틈에 귀양살이를 한 지도 벌써 두 달이 넘었다.

수양 숙부는 내 피맺힌 원한이 무서웠던 것일까, 아니면 새삼스레 나에 대한 동정심이 생겼던 것일까? 어머니인 현덕왕후를 폐하고 나를 노산군으로 강봉하여 내쫓아 놓고, 이제 와서 나를 극진하게 돌보아 주었다.

관찰사를 통해 필요한 게 있으면 다 내어 주라고 일렀고, 우물이 없어 불편한 걸 알고는 우물까지 파 주도록 분부를 내렸으니 말이다. 그뿐 아니었다. 밭을 마련하여 참외며 수박, 온갖 야채를 심어 넉넉히 먹을 수 있게 해 주었으며, 매달 고을 수령을 보내 안부를 묻기도 하였다.

하지만 나는 조금도 달갑지 않았다. 수양 숙부가 언제 또 무슨 꼬투리를 잡아서 나를 더 험한 구덩이에 몰아넣

을지 두려웠다.

'수양 숙부, 이제 와서 이 조카가 가엾어 보입니까? 하지만 그냥 놔두세요. 제발 나를 모른 척해 주세요! 그게 나를 위해 주는 길입니다.'

나는 진심으로 그렇게 빌었다.

이렇듯 조정에서 나에 대한 대접이 달라졌기 때문이었을까, 관풍헌에선 청령포에 있을 때보다 자유롭게 여기저기를 돌아다닐 수 있었다.

나는 관풍헌을 지나 왼쪽 산등성이 절벽 끝에 있는 금강정에 가는 걸 좋아했다. 그 정자에 서면 멀리 아우라지(두 갈래 이상의 물이 한데 모이는 물목)와 어라연을 거쳐 굽이굽이 흘러온 금장강(동강)이 유유히 흘러가는 게 보였다. 그 강은 내가 있던 청령포 쪽에서 흘러오는 강과 서로 만나 멀리멀리 한양으로 흘러간다고 하였다.

가끔 금강정에 서면 백 리 물길을 따라 떼꾼들이 뗏목을 타고 한양으로 떠나는 모습이 보이기도 했다. 앞뒤의 사공이 노를 저으며 강을 따라 흘러가는 그 뗏목들은 덕포 나루를 거쳐 멀리 한양의 뚝섬나루나 송파나루, 광나루로 가리라.

굽이굽이 흘러가는 강물을 내려다보노라면 어느 틈에 내 마음도 한양을 향해 흘러갔다.

이렇듯 금강정이나 매죽루에 올라 외로움을 달랠 때면 가끔 옛 신하들이 나를 찾아와 주었다. 그들은 영월 관아의 눈을 피해 이틀이고 사흘이고 머물다가 지나가는 나그네인 척하며 나를 만나러 왔다. 조상치, 구인문, 원호, 권절, 송간, 박계손, 유자미 같은 이들이 있었다.

"이 못난 사람을 위해 이 먼 길까지 찾아와 주다니 참으로 고맙소."

나는 진심으로 그들이 고마웠다. 그 중에는 할아버지한테 이름을 익히 들어 알고 있던 김시습도 있었다. 할아버지는 언젠가 나를 무릎에 앉혀 놓고 김시습의 이야기를 들려주셨다.

"홍위야, 김시습이란 이름을 잘 기억해 두거라. 장차 이 나라를 위해 큰일을 할 인물이니라."

김시습은 태어난 지 8개월 만에 글을 읽고 세 살 때 이미 시를 지은 신동이라며 할아버지는 매우 칭찬하셨다. 그러곤 김시습이 다섯 살의 나이로 승정원에서 시를 지어 그 뛰어난 글 솜씨를 내보였다는 말을 듣고는 크게 기뻐하며 명주 50필을 하사하셨다는 이야기도 들려주셨다.

　나는 언젠가 기회가 되면 나보다 여섯 살 위인 김시습을 만나 보리라 생각했다. 그런데 그 김시습이 나를 찾아 여기까지 오다니!

　"아, 그대가 세종 임금 때부터 5세 신동이라 칭송을 들은 김시습이란 말이오?"

　나는 김시습을 보자 가슴이 벅차올랐다. 김시습은 삼각산 중흥사에서 공부를 하던 중에 수양 숙부가 내 자리를 빼앗고 임금 자리에 오르자, 보던 책을 모두 불사르고 삿갓을 쓴 채 방랑길에 올랐다고 하였다. 내가 임금 자리를 빼앗기지 않았던들 이 나라의 큰 인물이 될 사람이 아니던가.

　"전하! 부디, 만수무강하시옵소서……."

　김시습은 목이 메어 말을 잇지 못하였다. 하지만 나는 그가 무슨 말을 하려는지 다 알고 있었다. 나를 찾아왔던 사람들처럼 김시습도 언젠가 내가 다시 곤룡포를 입고 황금빛 의자에 앉아서 이 나라를 다스리기를 바라고 있었던 것이다. 그들에게 나는 여전히 임금이었다.

　"잘 가시오!"

나는 김시습의 두 손을 꼭 잡았다. 멀고 먼 강원도 두메 산골까지 나를 찾아온 김시습이 한없이 고마웠다. 하긴 고마운 건 옛 신하들뿐이 아니었다. 한양을 떠나 멀고 먼 영월까지 따라와서 나의 손발이 되어 준 궁녀와 시종들도 너무나 고마웠다.

"내 그대들의 은혜를 언제나 갚을까."

나는 죽어서도 그들의 은혜를 잊지 못할 것이다.

그뿐 아니었다. 영월 백성들도 언제나 나를 따뜻하게 대해 주었다. 논뙈기 하나 제대로 없이 비탈밭에다 감자나 옥수수, 콩을 심어 겨우겨우 살아가던 그들은 귀한 게 생기기라도 하면 몰래몰래 나를 찾아왔다. 두릅이며 더덕 같은 산나물을 비롯하여 때로는 귀한 산삼까지 살그머니 내놓고 돌아갔다. 때로는 따끈따끈한 찐 감자며 감자떡을 슬며시 궁녀를 불러, 나에게 주라며 전해 주기도 하였다. 내겐 마음 착한 영월 백성들이 건네주는 그 음식들이 어떤 기름진 음식보다 더 달고 맛있었다.

나는 이렇듯 따스한 마음을 가진 영월 백성들이 고마웠다. 그 중에는 영월 관아의 관원도 하나 있었다. 그는 내가 매죽루에 올라 시름에 잠겨 있을 때나, 관풍헌 뜰을 거닐

며 외로움을 달래고 있을 때면 가끔 먼발치에서 슬픈 눈으로 나를 바라보았다. 그러다가 어쩌다 나와 눈이 마주치면 허리를 굽혀 공손하게 절을 하곤 했다.

어느 날 나는 그를 손짓하여 불렀다.

"그대는 누구인고?"

"예, 전하. 소인은 영월 관아의 호장, 엄홍도라고 하옵니다."

"그대는 어찌하여 그렇게 먼발치에서 나를 바라보고 있느냐?"

"전하, 소인의 무엄함을 용서하여 주시옵소서. 소인은 행여라도 전하께옵서 불편한 일을 당할까 염려하여 먼발치에서 지키고 있었사옵니다."

"그게 참말이더냐?"

나는 엄홍도의 정성이 참으로 눈물겨웠다.

"전하, 엄홍도는 전하께옵서 청령포에 계실 때도 찾아와 전하의 안위를 걱정하며 눈물을 흘리기도 했사옵나이다."

곁에 있던 시종이 넌지시 일러 주었다.

"오, 그랬단 말이냐? 자네의 충정이 참으로 고맙구나!"

비록 높은 벼슬엔 오르지 못했으나 아무도 몰래 나를 지켜 주고 있는 엄홍도가 귀양 길에서 만난 차성복처럼 믿음직스럽고 든든하게 여겨졌다. 나는 그 후에도 내 곁을 맴돌고 있는 엄홍도를 종종 볼 수 있었다.

'아, 이 선량한 백성들과 함께 오래오래 살고 싶구나.'

나는 할 수만 있다면 왕비와 경혜 누이, 영양위를 데려다가 이곳 영월에서 살고 싶었다. 귀양 길에서 본 농사꾼들처럼 비록 오줌장군(퇴비로 쓰는 오줌을 담아 나르는 나무로 된 그릇)을 지고 농사를 짓더라도, 허리가 휘도록 자갈밭을 일궈 화전민이 되더라도, 깊은 산속에서 숯을 구우며 살더라도 사랑하는 사람들과 오순도순 살고 싶었다.

너울너울 비단결 건너

산간 마을의 여름은 빨리 지나갔다. 가을이 되자 관풍헌 뜰에도 구절초며 살사리꽃이 하나 둘 피어나고, 아침저녁으로 제법 선선한 바람이 불었다.

나의 하루하루도 바람처럼 무심하게 흘러갔다.

밤이면 매죽루에 올라 퉁소를 불고, 때때로 시를 지으며 귀양살이의 외로움을 달랬다. 아무것도 달라진 건 없었다. 영월 백성들은 여전히 나를 따스하게 대해 주었고, 가끔 옛 신하들이 찾아와 말벗이 되어 주곤 했다. 청령포를 떠나 관풍헌으로 오던 날, 사람들 틈에서 눈물짓던 얼이와 순돌이도 가끔 관원의 눈을 피해 나를 찾아왔다.

더할 나위 없이 평안한 나날이었다.

그러던 어느 날이었다. 보름달이 차츰차츰 이지러져 가고 있을 무렵, 갑작스레 시내가 찾아왔다. 그것도 빨강 치마에 노랑 저고리를 입고 댕기 머리를 팔랑대던 고운 소녀가 아니라 비구니 차림으로 온 것이었다.

"시내야, 그 차림새가 무엇이냐?"

나는 조바심을 내며 물었다.

"흐흑…… 전하……!"

시내는 아무 대답도 없이 내 발밑에 풀썩 무너져 한참을 흐느꼈다. 어린 여자의 몸으로 이 첩첩산중까지 오는 동안 얼마나 서러운 일이 많았을까. 그래서 짐짓 비구니 차림으로 온 것일까?

"울지 말아라. 나는 그동안 잘 있었느니라."

나는 울고 있는 시내의 어깨를 다독거렸다. 앙상한 어깨뼈가 만져지자 와락 목젖이 뜨거워졌다.

"흐흑……, 전하. 그, 그게 아니라 아무래도 마음이 놓이지 않아 이렇게 달려왔사옵니다."

시내는 여전히 흐느껴 울었다.

"뭐가 그리 걱정이 되었더냐? 하지만 이젠 염려 말거라.

지금 나는 그 어느 때보다 마음이 편하단다."

나는 여전히 시내의 어깨를 가만가만 쓸어 주었다.

"전하, 그게 아니오라, 금성대군께서……."

"금성대군이라니, 금성 숙부한테 또 무슨 일이라도 생겼단 말이냐?"

나는 흠칫 놀랐다. 그동안 여러 곳을 옮겨 다니다가 순흥에 귀양 가 있는 금성 숙부가 무슨 일을 당한 게 아닌가 하여 가슴이 덜컹 내려앉았다.

"전하, 금성대군께옵서 순흥부사 이보흠과 뜻을 같이하여 고을 군사와 향리를 모으기로 작정을 하곤 도내의 사족들에게 격문(군병을 모집하거나, 여러 사람에게 알리어 부추기는 글)을 돌렸다고 하옵니다."

"뭣이, 무엇 때문에 군사를 모으려 했단 말이더냐?"

내게 더 놀랄 일이 남아 있었단 말인가, 또다시 가슴이 철렁 내려앉았다.

"그, 그게 모두 전하의 복위를 도모하기 위해서였다고 하옵니다. 하오나, 기천현감 김효흡의 고발로 일이 실패로 돌아가는 바람에……."

시내는 차마 뒷말을 잇지 못한 채 울먹였다.

"답답하구나, 어서 속 시원히 이야기를 해 다오!"

나는 몸이 부들부들 떨렸다.

"흑흑……, 전하, 금성대군께옵서 안동 옥에 갇히었다가 그만……."

"그만이라니, 금성 숙부가 돌아가시기라도 했단 말이더냐. 그, 그게 참말이냐?"

나는 방바닥을 치며 탄식했다. 하늘이 빙빙 돌고 땅이 꺼지는 것 같았다. 어찌하여 금성 숙부는 또 볏단을 지고 불길 속으로 뛰어들었단 말인가? 그렇잖아도 기회만 노리던 그들이 금성 숙부를 가만둘 리가 없잖은가. 성삼문, 이개, 하위지, 박팽년, 유응부, 유성원 같은 충신들이 능지처참을 당한 게 엊그제인데, 벌써 그걸 잊었단 말인가.

"아, 금성 숙부. 어쩌자고 그런 어리석은 일을 도모했단 말입니까. 그 일은 금성 숙부와 저를 살리는 길이 아니라 죽이는 길임을 모르셨단 말입니까?"

그랬다. 그들은 종친이라는 이유로 그동안 차마 죽이지 못했던 금성 숙부를 죽이고, 혜빈과 한남군, 영풍군도 금성 숙부와 내통을 했다는 이유로 여지없이 죽이거나 훨씬 더 먼 곳으로 유배를 보냈다고 하였다.

시내는 그 사실을 알리러 영월로 달려온 것이다. 구름이가 영양위의 친척이라는 것 때문에 조정의 의심을 받고 쫓겨 다니자 혼자서 멀고 먼 길을 달려온 것이었다.

"금성 숙부, 이젠 모든 게 다 끝났습니다. 다 끝입니다."

나는 목을 놓아 울었다. 나는 알고 있었다. 이젠 그들의 칼날이 내 목을 겨누고 있음을. 그들이 임금 자리를 빼앗았듯이 이제 내 목숨을 노리고 있다는 것을.

'그래, 다음은 내 차례로구나. 그들이 원하는 건 이제 나의 목숨이구나.'

등으로 식은땀이 주르르 흘렀다. 아니나 다를까 시내가 가져온 소식은 내 짐작이 맞았음을 알려 주었다.

"전하, 조정에서는 날마다 영의정 정인지, 우의정 정창손, 이조판서 한명회, 우찬성 신숙주 등이 전하를 사사하라고 수양대군께 청을 드린다고 하옵니다. 금성대군께옵서 전하와 뜻을 같이하여 역모를 꾸몄노라 거짓말을 하면서……. 흑흑, 이 일을 어찌하면 좋을지요."

시내는 흐느껴 울었다.

밤이 깊었건만 아무도 잠을 이루는 사람이 없었다. 나는 관풍헌을 나와 매죽루로 올라갔다. 누각 뒤로 보이는 산 그림자가 더욱 짙었다. 영월 어디에서나 보이는 산, 백두대간 태백산의 정기를 이어받고 우뚝 솟아 있는 봉래산은 마치 어미닭처럼 영월 백성들을 포근히 안아 주는 자애로운 산이었다.

'봉래산아, 나는 이제 어찌 되겠느냐?'

나는 어둠 속에 선 채 봉래산을 바라보며 물었다. 이제 저 산을 바라볼 날도 얼마 남지 않았음을 알기 때문이었다. 어디선가 저벅저벅 그들의 발소리가 들리는 듯하였다. 포위망을 좁힌 사냥꾼처럼 칼날을 번쩍이며 나를 향해 달려오는 듯하였다. 하지만 나는 더 이상 도망갈 곳이 없었다. 그저 덫에 갇힌 한 마리 가엾은 짐승일 뿐이었다.

'봉래산아, 정녕 내가 이대로 죽어야 하느냐?'

나는 봉래산을 바라보며 혼잣말을 하였다. 눈물이 뺨을 타고 주르르 흘렀다. 하지만 봉래산은 말없이 나를 바라볼 뿐이었다. 내 슬픈 마음을 다 안다는 듯 그렇게.

그때였다. 인기척이 들리며 궁녀들의 방에 머물러 있던 시내가 조심조심 매죽루로 올라왔다. 삭발을 한 시내의 머리가 어스름 달빛에 빛났다.

"시내야, 저기 저 산을 보아라. 영월 백성들에게 어머니 같은 봉래산이니라. 내 그동안 저 산을 올라가 보려 했으나 아직 그 뜻을 이루지 못했구나. 참으로 아름답고 성스런 산이 아니더냐."

나는 시내에게 어둠에 덮인 봉래산을 보여 주었다. 산 위로 별들이 총총 떠 있는 게 보였다. 이제 이 밤이 지나고 나면 몇 밤이나 더 저 별을 바라볼 수 있을지. 문득 어쩌면 살아서 영월 땅을 떠날 수 없을 거라는 예감이 들었다.

나는 이왕 죽을 몸이라면 이곳에서 죽고 싶었다. 궁궐에서 쫓겨 온 불쌍한 임금을 따스하게 대해 준 착한 백성들이 사는 이 땅에 묻히고 싶었다.

"시내야, 저기 저 산꼭대기에 뜬 별이 보이느냐? 나도 다음 세상에는 저 봉래산 위의 별로 태어나 그동안 나를 따뜻하게 대해 준 영월 백성들과 오래오래 살고 싶구나. 그리하여 아주 먼 훗날, 이 땅의 사람들에게 내가 영월 땅으로 귀양을 왔던 슬픈 임금이 아니라 오래오래 빛나는 임금으로 남고 싶구나."

나는 시내에게 소원을 말했다.

"전하, 어찌 그런 말씀을 하시옵니까, 흑흑……. 전하,

소녀도 이젠 전하가 계신 영월 땅을 떠나지 않을 것이옵니다. 소녀 비록 먼 길을 오느라 머리를 깎고 비구니 행세를 했으나, 떠날 때에 이미 마음 깊이 결심을 하였습니다. 이제 이 몸도 이 세상을 떠나 전하 곁에 오래오래 머물러 있겠노라고……."

시내는 하염없이 눈물을 흘렸다. 시내도 짐작하고 있었음이리라, 이제 다음에는 내 차례라는걸. 안평 숙부와 금성 숙부……, 모든 충신들을 야금야금 다 죽인 그들이 이젠 나를 향해 올가미를 던지려 한다는걸. 그래서 내가 떠나는 마지막 길에 길동무가 되어 이 세상을 함께 떠나려고 천 리나 되는 먼 길을 허둥지둥 달려온 것일 테지.

"아아, 안 된다, 그건 아니 된다. 시내야, 너는 살아야 한다. 부디 살아서 한양으로 돌아가 다오. 그래서 부디 불쌍한 왕비와 경혜 누이와 셋이서 오순도순 살아 다오. 나는 참으로 무능한 지아비며 아무 쓸모없는 동생이었느니라. 그러니 네가 내 대신 그들을 잘 돌보아 다오. 나의 마지막 당부니라."

나는 간절하게 애원했다.

"아아, 전하…… 싫사옵니다. 소녀도 전하를 따라가게

해 주시옵소서. 흐흐흑……."

시내는 고집을 꺾지 않았다.

"아니 된다. 너는 나의 사랑스런 누이동생이니라. 그러니 부디 내 말을 듣거라. 가거라. 가서 가엾은 왕비와 경혜 누이와 더불어 서로 의지하며 정답게 살아가야 한다. 그것만이 네가 나를 위해 해 줄 일이니라."

나는 시내를 가슴에 꼭 안았다. 이제 다시는 이 땅에서 시내를 볼 수 없으리라 생각하니 가슴이 찢어질 듯 아파 왔다. 나는 오래오래 시내를 안아 주었다.

그 밤은 너무 길었다.

다음 날 아침, 나는 내 곁을 떠나지 않으려는 시내의 등을 떠밀다시피하여 한양으로 돌려보냈다. 마지막 떠나는 길을 어여쁜 누이동생에게 보이고 싶지 않았던 탓이다.

나는 시내가 떠나간 뒤에 관풍헌 뜰을 거닐며 숨죽여 울었다.

그렇게 며칠이 지나고, 마침내 그날이 왔다.

내 나이 열일곱 살. 이제 천지는 낙엽이 지고 매서운 바람이 불어오는 초겨울, 10월 24일이었다.

아침부터 함박눈이 꽃잎처럼 나풀나풀 나부꼈다. 함박눈은 이미 관풍헌 뜰을 덮고 빈 나뭇가지 위에 송이송이 하얀 꽃을 피웠다.

'하늘이 나를 위해 눈꽃을 보내 주는 걸까?'

나는 하염없이 하늘에서 떨어지는 눈을 보았다. 눈은 점점 쌓여만 갔다. 하얀 눈으로 뒤덮인 세상은 더할 나위 없이 깨끗했다. 마치 이 세상의 모든 슬픔과 고통, 아픔이 다 지워진 것처럼 아름다웠다.

이왕 먼 길 떠나려면 이렇게 아름다운 날 떠나고 싶었다.

나의 바람을 알았던 것일까? 어스름 땅거미가 내려앉을 즈음, 관풍헌 앞이 소란스러워졌다.

저벅저벅, 마침내 그들의 발소리가 내 귀에 들려왔다.

'그들이 왔구나. 내 목숨을 가져갈 그들이 왔구나······.'

나는 마치 저승사자를 기다리고 있었다는 듯 천천히 방문을 열었다.

방문 앞에는 벌써 금부도사 왕방연이 돗자리를 깔고 조그만 소반 위에 사약이 든 하얀 사발을 올려놓고 있었다.

왕방연은 차마 내 눈을 똑바로 바라보지 못했다.

"금부도사, 유시오, 유시!"

군졸 하나가 금부도사를 재촉하였다. 아마도 내게 사약을 내리라고 명을 받은 시간이 저녁 다섯 점에서 일곱 점 사이였나 보다. 하지만 왕방연은 차마 내게 사약을 내리지 못한 채 우물쭈물하고 있었다.

나는 물끄러미 하얀 사발에 든 사약을 내려다보았다. 그것은 바로 수양 숙부가 보낸, 내 목숨을 빼앗아 갈 사약이었다. 그들은 아무 죄도 없는 종친과 충신들을 죽이고 내 자리를 빼앗더니 이젠 내 목숨까지 빼앗으려는 것이었다.

'나는 결코 저 사약을 마시지 않으리라.'

나는 입술을 꼭 깨물었다. 아무리 그들이 나를 죽이려 해도 결코 나는 그들의 손에 죽고 싶지 않았다.

'내 스스로 죽으리라.'

그랬다. 나는 결코 수양 숙부가 보낸 사약을 받고 싶지 않았다. 그것만이 내가 그들에게 보일 수 있는 최고의 앙갚음이며, 그들이 결단코 나를 꺾을 수 없었다는 걸 보여 주는 길이 되리라.

나는 천천히 입을 열었다.

"금부도사, 내게 잠시 시간을 다오. 의관을 정제한 후에 다시 나올 것이니라."

나는 천천히 방문을 닫았다. 그러곤 벽장 속에 고이 모셔 두었던 곤룡포와 익선관을 꺼냈다. 귀양 길에 오를 때 왕비가 뒤따라온 궁녀들의 봇짐 속에 몰래 넣어 보낸 임금의 옷이었다.

'수양 숙부, 숙부는 나의 자리를 힘으로 빼앗았지만 나는 빼앗기지 않았습니다. 그래요, 수양 숙부, 숙부가 아무리 나를 죽이러 사약을 내렸지만 나는 결코 수양 숙부의 손에 죽지 않을 것입니다. 이렇게 곤룡포를 입고 익선관을 쓴 임금의 모습으로, 나 스스로 이 세상을 떠날 것입니다. 그래서 아주 먼 훗날 언젠가, 나를 위해 죽어 간 수많은 사람들의 넋을 위로하기 위해 나는 다시 임금이 되어 이 세상에 올 것입니다. 그래요, 수양 숙부, 숙부는 그깟 몇십 년 동안 임금 자리에 앉아 있다가 이 세상을 떠나겠지요. 하지만 나는 영원히 죽지 않는 임금으로 이 땅을 찾아올 것입니다. 그래서 천년만년 이 세상을 밝게 비추는 임금이 될 것입니다. 그러니 수양 숙부, 숙부는 결코 나의 자리를 빼앗은 게 아닙니다. 나는 잠시 숙부에게 내 자리를 내주고 먼 여행길에 올랐다가 다시 올 것입니다. 그날이 언제인지는 몰라도 반드시 다시 올

것입니다.'

나는 정성껏 곤룡포를 입고 익선관을 썼다. 그러고 보니 금빛 찬란한 용상도, 일월오악도 병풍도, 시중드는 궁녀 하나 없어도 나는 어엿한 임금이었다.

나는 사방탁자 앞에 반듯하게 앉았다. 그러곤 손때 묻은 지필묵이며 문갑, 서책, 방 안 구석구석을 마지막으로 찬찬히 바라보았다. 이제 갈 때가 된 것이다. 모든 것을 잠시 두고 먼 길을 떠날 때가 온 것이다.

나는 천천히 손에 쥔 명주끈을 목에다 칭칭 감았다. 풀어지지 않게 자꾸자꾸 꽁꽁 동여맸다. 손과 발이 차츰차츰 저려 왔다. 온몸의 피가 얼굴로 몰려오고 점점 가슴이 답답해 왔다. 점점 숨을 쉴 수가 없었다.

"아아!"

나는 방바닥에 스르륵 쓰러졌다.

갑자기 와당탕 방문 열리는 소리가 들려왔다. 놀란 군졸들이 다급하게 방으로 들어서는 소리도 들렸다. 궁녀와 시종들의 통곡 소리가 아슴아슴 들려오고, 금부도사가 사약 사발을 들고 다급하게 문지방을 넘어오는 게 어렴풋이 보였다. 하지만 이미 늦었다. 그들이 아무리 내 입에다 사약을 퍼부어도 내 몸은 이미 구름을 타고 어디론가 둥실둥실 떠가고 있었으니까.

얼마쯤 가자 갑자기 눈앞에 다른 세상이 환하게 펼쳐졌다. 비단길인가, 아니면 눈부신 햇살로 만든 무지개인가. 저 멀리 영롱한 무지개 끝에서 아련히 할아버지가 나를 향해 두 팔을 벌리고 있는 게 보였다.

"홍위야, 아가, 어서 오너라! 이제 됐다. 다 되었느니라. 모두가 이 할아비의 잘못이었다. 내가 수양의 끝없는 욕심을 잠재워 주지 못하고 떠나온 게 잘못이었느니라. 아가, 홍위야, 이 할아비를 용서해 다오."

할아버지는 점점 더 가까이 다가오셨다. 예전 모습 그대로, 나를 안아 주고 어루만져 주던 자상한 모습 그대로 나를 부르셨다.

"할아버지, 아니에요, 모두 제 잘못이에요. 저는 할아버지처럼 훌륭한 임금이 되고 싶었어요. 그래서 이 나라를 잘 다스리고 싶었어요. 하지만 그 뜻을 이루지도 못하고, 부덕한 저 때문에 너무 많은 사람들이 목숨을 잃었어요. 다 제 탓이에요……."

"아니다, 아니야. 홍위야, 그동안 애썼다. 이젠 모든 걸

다 잊고 할아비 품으로 돌아오너라, 어서!"

할아버지는 눈물을 글썽이며 두 팔을 활짝 벌렸다. 할아버지의 등 뒤로 아버지의 얼굴도 보였다. 안평 숙부, 금성 숙부, 영풍군, 김종서, 황보인, 성삼문, 이개, 박팽년, 하위지, 유응부, 유성원……. 나를 위해 죽어 간 수많은 충신과 억울하게 죽은 사람들의 모습이 하나하나 보였다.

"어서, 어서 이리로 오시어요!"

"전하, 어서 오시어요!"

그들은 모두 나를 향해 손짓하였다.

나는 천천히 일어섰다. 그러곤 내 눈앞에 펼쳐진 비단길을 향해 한 발, 한 발 다가섰다. 떠나는 내 뒤로 왕비와 경혜 누이가 눈물을 흘리며 서 있는 게 아스라이 보였다.

'아, 부인, 이제 나는 떠나오. 경혜 누이, 나는 가오. 하지만 언젠가 먼 훗날 다시 이 땅으로 돌아오리다. 그때는 죽지 않는 영원한 임금이 되어 다시 돌아오리다. 나는 가오…….'

나는 너울너울 비단길을 건너갔다.

그 뒷이야기

1457년 10월 24일, 단종은 열일곱의 어린 나이로 강원도 영월 관풍헌에서 세상을 떠났습니다. 단종이 죽자 관아에서는 그 시신을 차가운 동강에 내다 버렸습니다. 단종의 시신은 차가운 강물 위에 둥둥 떠서 빙빙 돌아다니다가 다시 돌아오곤 했습니다. 옥같이 고운 열 손가락이 물 위에 떴다 잠겼다 하는 그 비참한 모습을 바라보던 시종과 궁녀들은 그저 목놓아 통곡할 뿐이었습니다. 그러다간 애끓는 슬픔을 견디지 못한 채 단종이 평소 오르던 금강정으로 달려가 층층절벽 아래 짙푸른 강물로 몸을 던져 사랑하는 임금의 뒤를 따라갔습니다.

그렇게 그날 밤이 깊어 갔습니다. 하지만 아무도 단종의 시신을 거두는 사람이 없었습니다. 역적의 시신에 손을 대는 자는 삼족을 멸한다는 관아의 엄명이 있었던지라 아무도 시신 가까이 갈 수가 없었습니다.

어린 단종은 그렇게 차갑고 캄캄한 강물 속에 누워 있었습니다.

　바로 그때였습니다. 누군가 어둠을 뚫고 조심조심 강으로 찾아왔습니다. 바로 영월 호장 엄흥도였습니다. 늘 먼 발치에서 몰래몰래 단종 임금을 바라보던 엄흥도, 그는 모든 사람들이 말리는데도 '옳은 일을 하다가 화를 당해도 나는 달게 받겠다' 며 세 아들들과 함께 단종의 시신을 거두러 몰래 찾아온 것입니다.

　그는 어머니를 위해 준비해 두었던 관에다 단종의 시신을 거둬서는 지게에 진 채, 관원의 눈을 피해 조심조심 영월 엄씨들의 선산인 동을지산으로 갔습니다. 동을지산은 간밤에 내린 눈으로 하얗게 덮여 있었습니다. 그때 언덕 소나무 밑에 숨어 있던 노루 한 마리가 인기척에 놀라 후다닥 달아나는 게 보였습니다. 그 자리를 보니 눈이 녹아 있었습니다. 엄흥도는 단종의 시신을 올려놓은 지게를 내리고 잠시 땀을 닦으며 쉬었습니다. 그러다가 사람들의 눈에 띄지 않는 더 깊은 골짜기로 들어가려 했지만 도무지 지게가 움직이지 않았습니다. 엄홍도는 마음속으로 '아, 이곳이 명당인가 보구나' 하곤 노루가 앉았던 그 자리에다 몰래 단종의 시신을 묻었습니다.

 그 후 엄홍도는 단종이 입었던 옷을 가지고 계룡산 동학사를 찾아가 생육신 김시습과 함께 단을 쌓고, 초혼을 부르고 제사를 올린 후 아무도 몰래 종적을 감추어 버렸습니다. 시신조차 강물 위로 둥둥 떠내려가고 말았을 단종의 슬픈 넋은 목숨을 건 엄홍도의 충절로 오늘날까지 영월 땅에 머물러 있게 된 것입니다.

 한편 왕비는 폐서인이 되어 한양 동대문 밖 비구니들이 있던 '정업원'에 들어가 살았습니다. 그러다간 그 아래 암자를 짓고 옷감에 물을 들이며 겨우겨우 살았습니다. 왕비는 평생 소복을 입은 채 아침이면 '동망봉'에 올라 영월이 있는 동쪽을 바라보고 단종을 그리며 눈물 흘리다가 82세의 나이로 세상을 떠났습니다. 그러고는 말년에 양자로 삼았던 해평부원군 정미수의 선산인 남양주에 묻혔습니다.

왕비가 양자로 삼았던 정미수, 그는 다름 아닌 영양위 정종과 경혜공주의 아들이었습니다. 관비가 된 경혜공주가 아들을 낳자 세조(수양대군)의 부인인 정희왕후가 몰래 데려다 7년 동안이나 딸이라 속이고 키웠습니다. 역적의 아들은 태어나자마자 죽음을 당해야만 했거든요. 하지만 나중에 그 아이가 바로 경혜공주의 아들임을 안 세조도 결국 어쩌지 못하고 '미수'라는 이름을 지어 주었다고 하였습니다. 이렇게 정희왕후의 손에서 자란 정미수가 결국 훗날 단종의 왕비인 정순왕후의 양아들이 되어, 정순왕후를 돌보아 드리고 마침내는 해주 정씨 선산에 묻어 드렸으니 참으로 가슴 벅찬 일이 아닐 수 없습니다.

그 후 많은 세월이 흘렀습니다. 그동안 단종은 영월 엄흥도의 선산인 동을지산에, 왕비는 남양주의 해주 정씨 선산에 묻힌 채 역사의 뒤안길에 묻혀 있었습니다.

하지만 단종이 승하한 지 241년, 숙종 24년에, 숙종은 노산군을 '단종'이라 부르게 하고, 동을지산에 있는 단종의 묘를 '장릉'으로, 남양주 해주 정씨 문중산에 묻힌 왕비의 묘를 '사릉'이라고 부르게 했습니다. 지금도 사릉의 소나무들이 모두 장릉이 있는 동쪽을 향해 있다고 하니 단종을 그리워하는 정순왕후의 마음이 얼마나 애틋한지 잘 보여 주는 모습입니다.

이처럼 조선왕조 500년 중에서 가장 슬픈 임금인 단종이 세상을 뜬 지 60년 후인 1516년(중종 11년)에 처음으로 단종을 위한 제사를 지낸 이후 400여 년 동안 그 제향이 계속되어 왔습니다. 그러다가 지난 1967년부터 영월군에서 '단종문화제'로 승화 발전시켜, 매년 한식날이면 조선 6대 임금인 단종을 추모하고 충절을 지키다 순절한 사육신과 생육신, 엄홍도를 비롯하여 낙화암에 몸을 던진 시종과 궁녀 등 단종을 위해 죽은 수많은 충신들을 기리고 있습니다.

　이처럼 단종은 오랜 세월 영월 사람들의 마음속에 오롯이 살아 있었습니다. 그런 단종에 대한 변함없는 사랑이 레굴루스 별을 '단종별'로 명명하고 봉래산 꼭대기에 '별마로 천문대'를 세우게 한 힘이 되었던 것이지요.

　그리하여 단종은 비록 어린 나이에 억울하게 죽음을 당했지만 500여 년이 지난 오늘날에도 영원히 살아 있는 임금으로 우리 곁에 머물러 있게 된 것입니다.